労基署は見ている。

原 論

日経プレミアシリーズ

プロローグ

「かとく」が話題になった日

平成二八（二〇一六）年一一月七日午前九時半、日本を代表する広告代理店の電通本社に、東京労働局の「かとく」と呼ばれる過重労働撲滅特別対策班を中心とした労働基準監督官三二名が入った。手には裁判所の発行した捜索差押許可状を持って。いわゆるガサ入れ、強制捜査の実施である。同時刻に、電通の各支店に対し、大阪や京都、愛知の労働局が強制捜査を行った。同じ年の一〇月一四日に実施した臨検監督から、三週間後の出来事だった。

その日から、テレビや新聞、インターネットを通じて、「電通」「過重労働」「労働基準監督官」などの文字が繰り返し流され始め、社会的に大いに注目を浴びることとなる。厚生労働大臣だけでなく、内閣官房長官、果ては内閣総理大臣まで、この事件に対して強いコメントを出すようになった。

これまであまり労働問題に関与してこなかった政府が、働き方改革実現会議を通じて、時間外労働の規制や過重労働対策、そして何より、この電通問題に厳しく対処することを明言することとなった。

暮れも押し迫ったその年の一二月二八日の仕事納めの日、電通の社長が記者会見を開いた。同日付で、法人としての電通と労働時間を管理していた幹部職員が、東京地方検察庁に送致されたのである。電通の社長は、その責任を取って辞任することになった。

これまでの労働問題の対処としては考えられない事態だが、これほどの大企業をここまで追い詰めることになったわけである。さらに、社長の辞任だけで終わるような話ではないと、厚生労働大臣がさらなる捜査を示唆していた。

大逆風にさらされた大手広告代理店

電通は、バブルの末期に男性社員が自殺したことについて、労働基準監督署による労災認定を受けていた。そのうえで遺族から安全配慮義務違反をもとに裁判を起こされ、平成一二年には、それまでの労災事故による損害賠償請求訴訟としては異例の一億円を超える賠償額が確定した。この事件では、月一五〇時間にも及ぶ長時間の残業や、上司による今で言うパワハラが認定され、過労自殺問題のリーディングケースとなっていた。

この事件をきっかけとして、電通の労働時間管理の手法が変わった。建物内に入る際には、自動改札機のようなIDカードを使用して入館するという、今では珍しくはないかもしれないが、当時は非常に斬新な方法により労働時間を管理していたはずだった。しかし、電通ではその体質が変わることはなく、長時間に及ぶ残業時間が放置されたままの状態であった。所轄の三田労働基準監督署だけでなく、他の管轄の各支店においても、長時間労働に関しての各法令違反を繰り返し指摘されていたことが明らかにされている。

そんな最中に発生した女性新入社員の自殺問題。ちょうど過労死白書の初めての発表日である平成二八年一〇月七日と同じ日に、その自殺が労災認定されたことを、遺族と代理人弁護士が記者会見を開き明らかにした。

長時間に及ぶ過重労働や上司からのハラスメントとも取れる内容の発言が、自殺した社員自身のツイッターで生々しくつぶやかれていたこと、クリスマスに自殺したということなど、世論はその日から電通にとって大逆風となってしまった。

政府が労働基準行政に積極関与

私が労働基準監督官として勤務していた頃までは、労働基準監督署や労働局という労働基準行政がこれほどまでに世間から注目され、また、期待されたことはなかった。監督官が、東ちづるさん主演のドラマになったり、いくつかのマンガで取り上げられたりしたこともあったが、その当時は大きな話題にもならなかった。

しかし、私が退職した後の話になるが、平成二四年に居酒屋チェーン・ワタミの女性従業員の過労自殺が、私の古巣である神奈川労働局の労働保険審査官により労災認定された。そのことに対して、同チェーンの会長が、ツイッターで会社に非はなかったというようなコメントをしてしまった。これを発端として、あっという間にインターネット上で炎上、さらに新聞各社は同チェーンのネガティブキャンペーンとも言うべき報道を開始、たちまち「ブラック企業」の烙印を押されることとなってしまった。

さらにタイミング悪く(?)、同チェーンの会長が国政選挙に与党の比例代表候補として立候補し当選。政権与党も「ブラック企業」を擁護するのかという声を避けるためか、積極的に対策に乗り出すこととなっていった。

この頃から、これまでに経験したことのないような、政府レベルでの積極的な労働基準行政への関与が始まった。東京、大阪の労働局には通称「かとく」が置かれ、ブラック企業対策から過重労働対策まで、非常に速いスピードで動き出すことになったのである。

厳しくなる行政のスタンス

国の仕事をも受注している巨大広告代理店ですら、この非常に大きな波に飲まれてしまい、社長交代という前代未聞の事態に陥ってしまった。居酒屋チェーンは、その後の経営状態の悪化により、好調であった介護事業の売却や店舗の閉鎖などを余儀なくされてしまった。

これから先、労働基準監督署からの臨検監督に対し、これまで通りの対応をしていては、企業そのものの存続すら危うくなるような状況も生み出されかねないケースも予想される。行政のスタンスも、政府の掲げるアベノミクスや日本再興戦略の影響を強く受けながら、企業に対する厳しさが強まることはあっても、決して弱くなることはない。

これまで、労働基準行政は、規制緩和という面を除くと、あまり政治の影響を受けることがなかった。役所（霞が関）が方向を定め、それに従って出先である労働局や労働基準監督署が動くという流れであった。厚労大臣の関心も、予算が少なく、決して省内の中心とは言えないこの行政に対しては薄かった。

ところが、ここ最近は政府（永田町）主導で政策が進められ、働き方改革実現会議が半ば意思決定機関となっている。厚生労働省内では、総理大臣の意を受けた厚労大臣が陣頭指揮をとり、過重労働対策などを中心に取り組みを厳しくしている。これまで取り組むことがなかった問題についても、政治の動向次第で大きく動き出しているのである。

実は身近な労働基準監督署

労働基準監督署や労働局は、これまでその存在を大きく取り上げられることが少なかった。そのため、急に注目を浴びることとなったこれらの行政機関が、いったいどういう組織なのかということを聞かれる機会が非常に増えてきた。

「かとく」が初めて大手の靴販売チェーンを送検した際には、ＮＨＫの報道局から夕方近くに私の携帯電話に連絡があり、すぐに飛行機で飛んできて当日の夜の番組に出演し解説してほしいと依頼があったほどだ。もっとも出演に関しては、翌日の業務の関係で、私の住む福岡から上京するわけにはいかない事情があったことから、残念ながら丁重にお断りしたのだが、その後も雑誌や新聞社などから取材を受ける機会が増えた。

私は、一九年間労働基準監督官として首都圏を中心に労働基準監督署や労働局に勤務してきたのだが、東日本大震災のあった年の年度末、一身上の都合で辞職して福岡に移住し、現在は社会保険労務士として、顧問企業の労務管理や安全衛生管理のアドバイスをするコンサルタント業務を行っている。ただ、辞職するまでは、監督官の仕事が天職であると思っていたため、辞めることがなかったら、現在も第一線の監督署での勤務を行っていたはずであった。

今回、縁あって、労働基準監督署や労働基準監督官の仕事を明らかにする本を書かないかと声がかかり、このタイミングで書かせていただくこととなった。実は、そのお話をいただく前に、実際に労働基準監督署への対策本なるものを何冊か見せてもらう機会があったが、正確に監督官の業務を説明できる本があまりに少ないことに正直驚いていたところであった。

この本を手にしてくださった方は、少しでも労働基準監督署の業務に関心を抱いている方だと思うが、自分とは関係ないなどと思っていただきたくはない。会社などに勤務している方であっても、会社を経営している方であっても、あるいはこれから働こうかと思っている方であっても、労働基準行政と切り離すことはできないくらい多くの関わり合いがあるからだ。

働き始める際の雇入通知書、働く際の健康診断、日々の労働時間管理、働いた分の給料、安全に働くための設備、事故が起きた際の補償、解雇される際の手続きなど、働く側（労働者）、使う側（使用者）、ともに知らなければならない制度の手続きに関わってくるのが、労働基準監督署なのである。

ただ、一言お断りしておかなければならないのは、労働契約に関する主役は、あくまでも、「労働者」と「使用者」であって、労働基準監督署という役所は、結局のところ第三者でしかないということだ。

たとえば税法では、役所と納税者という両者が主役であり、納税者は役所と利害関係にあるのだが、労働基準関係法令では、労働基準監督署は労働者や使用者とは直接の利害関係者にはならない。あくまでも、労働者と使用者との間のルールがうまく回っているのか、それを助言したり指導したりする立場なのである。

ただし、この労働基準関係法令という労使両者のルールには、罰則があるというところがミソである。そのために、会社は労働基準監督署を嫌悪したくなることもあろう。しかし、あくまでも当事者とはならない。両者のルールがうまく回っている限り、労働基準監督署が罰則を適用させていくようなことはないのである。

この本では、そのような観点から、労働基準監督署がどういう仕事をしているのかを明らかにしていく。そして、この本を読んでいただいた方が今後の関わり合いをどうしていくのかを考えていただくきっかけになるよう、これまで私が勤務してきたなかでのエピソードを交えながら、紐解いていきたいと思う。

労働基準監督官を辞めた現在でも、職務内容に関しては守秘義務が課せられており、多少の脚色も加えた部分があるが、労働基準監督官の目線で見る職場環境を理解していただくことで、現在お勤めの会社や経営されている会社が、より良い方向に向かっていく一助になれば幸いである。

この「業界用語」を知らない専門家は怪しい

ここで本題に入る前に、これからお話しする内容がわかりやすくなるように、必要な用語や知識について、あらかじめ解説を入れておくことにする。

労働基準監督署のことは、内部では「監督署」と呼んでいる。この本のタイトルは【労基署】ということになっているが、これは外部から呼ぶとこういう言い方が多かったりするので、わかりやすくした。

一方、警察署や検察庁からは、「労基」と呼ばれることが多い。そして、労災事故の捜査などは、警察も「業務上過失致死傷」などで捜査を行うことが多く、連携するような場合も少なくない。

労働基準監督官については、内部では「監督官」と呼んでいる。「労基官」などという言い方はないので、このような呼び方で解説している人がいたら、その内容にあまり信頼をおけないと言ってよい。

また、監督署が事業場の労働条件などの確認をして指導を行うことを「監督」と呼んでいる。先ほどの信頼性に欠ける解説を見分ける手段としては、「監督」という言葉を使わず、「監査」や「調査」などと説明していることが多いので、この点も覚えておくとよいだろう。この調査という言葉は、災害調査や許認可等の実地調査があるため使わないわけではないのだが、監督官が法令違反を確認して指導することはあくまでも「監督」であり、それを直接訪問して行う監督が「臨検監督」である。呼び出して調べることは「呼出監督」などと言うこともある。これはあくまで私個人の印象であるが、監査や調査などと書いているホームページなどを見ると、胡散臭さすら感じてしまう。

また、監督署では、事業所とは呼ばず「事業場」と呼ぶ。考え方は同じであるが、法律の構成から、労働基準関係法令ではすべて事業場としている。これが、同じ都道府県労働局の組織であるハローワークでは、「事業所」と呼んでいる。ちなみに、ハローワークのことを、監督署内では「安定所」と呼んでおり、「職安」という言葉はあまり使わない。

労働局内では多少職員が混在しているものの、もともと監督署は、旧労働省の組織である都道府県労働基準局の下にあった。一方、安定所、正式名称は公共職業安定所になるが、こちらの部署は、機関委任事務として都道府県の組織である雇用保険課や職業安定課などの下に位置し、同じ国家公務員でありながら、こちらは地方事務官という特殊な位置づけであった。

平成一二年、地方分権を進めていく際、機関委任事務を廃止して、安定所を国直轄に変更するための受け皿として、都道府県労働基準局を都道府県労働局に変更し、安定所と女性少年室をその組織に取り込んだ。

もともと労働省時代は、安定所などを取り仕切る「職業安定行政」が、予算規模も大きく主導権を握っていた。特別会計である労働保険については、その使用する金額の大きな部分を職業安定行政が握っていたものの、その保険金を集めるのは、建設業の雇用保険など一部を除き、ほとんどが監督署であった。

そういう点からも、職業安定行政の職員である「安定系」と、労働基準行政の職員である「基準系」はうまくいっていなかったのだが、労働組合である職員組合は共通の「全労働（全労働省労働組合）」であったということも付記しておきたい。

この辺りの背景を踏まえて、この先を読んでいただけると、少しわかりやすくなるのではないかと思う。

目次

予告なし訪問、問題があれば雰囲気でわかる
残業、全然ないんですか？
これだとうちが悪い施設みたいじゃないか！
労働基準監督官の強大な権限――立ち入りに裁判所の許可は不要
警察の実況見分は拒否できても臨検は拒否できない
厚労省の「伝家の宝刀」――労働基準監督官は司法警察官
ある日「給料が払われていないのです！」という申告が
直接会社に乗り込む
信じられない社長の対応
捜査に着手されるとそれだけで企業は存亡の危機に
捜査する、しないは監督官次第？
強制捜査も辞さず！
「ガサ入れ」へ
夜逃げ？　証拠品押収に失敗

第2章 職場の安全と健康を守る
——労働基準監督官はこうしてつくられる

監督官の異動はＡＢＣ
人間関係を複雑にするもう一つの異動ルート
厚労省の「新人事制度」
労働基準監督官はたった三〇〇〇人で全国をカバー
監督署内の連携はいまひとつ
重大災害に法違反があったら確実に送検
「一メートルは一命取る」――ある監督署での経験
たったの一メートルの転落でなぜ？――実況見分で事故を再現
違反を捜すのが仕事だ
ヘルメット未着用だけでは法違反にはならない！
一人の生命が失われているのだ！
会社を潰すことが仕事ではない
労働基準監督官は緊急車両を使えない

第3章

労働基準監督官は一人親方

第5章 「ブラック企業」は常に見られている

第1章

労働基準監督官は予告なく訪問する

労働Gメンと呼ばれる監督官のノルマとプライド

労働基準監督官、大学三年生まではその存在すら知らなかった。

当時学校の労働法の講義の中心は労働組合関係ばかりで、どちらかと言えば労働基準法は付け足しという感じだった。実際のところ、労働組合の組織率が一七〜一八%程度で推移するなかでは、講義などは賃金不払いや労災補償といった個別的労働関係法令を中心に進めていくべきではないかと思うが、今回の狙いとは視点が異なるので触れないことにする。

横浜市内のある監督署に勤務していた頃、とある老健施設に臨検監督を行ったことがある。サービス残業が行われているという情報をもとにして、介護職員の勤務の実態を把握することが目的であった。

この頃は、事業場に訪問する際にはあらかじめ連絡をしておくことが多かった。限られた時間で効率よく件数をこなしていくには、訪問した際に担当者がいないと複数回訪問することになってしまう。当時の私は、その月に割り当てられたいくつかの事業場を確実に訪問するという計画件数（＝ノルマ）を達成するよう、自分自身を追い込むようにしていた。

どこに行くのかはあらかじめ指示を受けているものの、いつ行くのかというのはあくまでも各監督官の判断だった。

司法事件や災害調査などの手持ちの事案があると、空いた時間などにはこの取りまとめを行うのだが、そちらを優先すると、結局、事業場に行くことなしに月末を迎えてしまう。ノルマ未達成ということになれば、自分自身のプライドが許せない思いがあった。

現在でこそ、労働基準監督署の職員も勤務評価を行い、給与に反映されることになっているが、私が退職するまでは、ノルマの達成率そのものは直接給与に影響することはなかった。そういう意味では、上司からのお小言とプライドがなければ、ノルマ未達成であっても可能な組織であった。しかし私にとって、最低限組まれた計画くらい一〇〇％こなせないのは屈辱すら感じてしまうところがあったので、計画以上の件数をこなそうと努力していた。

予告なし訪問、問題があれば雰囲気でわかる

その老健施設では、タイムカードの打刻は業務終了の前に行わされるという情報であったため、予告は行わず実際に行って確認してみようと考え、何も連絡せず訪問することにした。

老健施設というのは、やや大きな病院が母体となって経営していることが多く、医療的なケアやリハビリが欠かせない介護の必要な高齢者が入所する施設である。そのため、代表者

は医師であることが多かった。

病院というのは、労働基準監督署にとっては厄介な存在であった。医師の労働環境よりも命が優先などという言い方がまかり通っていて、指導に耳を傾けないところも多く存在した。とどのつまり、医師や看護師など医療従事者の過重労働による疲弊や健康障害、その結果生じる医療過誤などが多発してしまい、かえって優先すべき命がそのスタッフたちの長時間労働により損なわれるということになったのである。なお、現在では、病院の憲法とも言うべき医療法の第六次改正により、勤務環境改善に取り組むことが盛り込まれている。

真新しい線の引かれた駐車場に車を停め、施設内に入ると、医療機関らしく消毒液の匂いが充満していた。

受付の女性に、「労働基準監督署の原と申します。労務管理を担当される施設長か事務長はいらっしゃいますか?」と言ったところ、特に驚きの表情などもなく、少し時間をおいて、施設長室に通された。

案内された部屋で待っていたところ、若い白衣を着た男性と、年配のスーツ着用の男性が入ってきた。

「はじめまして、××労働基準監督署の原と申します。お忙しいところ申し訳ございません。今日は労務管理の状況についてお話を伺いにきました」

と、いつも以上に丁重に挨拶のうえ、用件を切り出した。

すると、若い白衣を着た男性は、施設長であることを名乗り、

「よろしくお願いします。ところで、今日の件は事前にご連絡いただいていました？」

と、一応の確認。見た目は困ったという感じではなく、どちらかと言えば施設でも部外者といった雰囲気があった。

「いいえ、原則予告なくお伺いしているんですよ。今の状態を確認させていただこうと思いますので」

私がそう言うと、あわてた表情をしたのは、若い施設長ではなく、事務長を名乗る年配の男性のほうだった。

どうやら、施設長は医師であり、責任者として配置されているものの、普段は近くの本部となっている病院で勤務しているため、あまり労務管理には関心がない様子。一方、事実上の管理の責任者ともいうべき事務長は、落ち着かない様子で私と施設長の受け答えを聞いていた。その事務長の様子を見ただけで、事前の情報通り、労働時間管理に問題がありそうだということが見てとれた。

あとは、通常の監督指導で行っている確認作業だけ。

タイムカードや残業の記録、業務の日報、給与台帳や三六協定、就業規則、健康診断の記録などを三カ月分程度持ってきてほしいとお願いした。

事務長は、部屋を出て、言われた資料を取りに行ったようだった。その間に、施設長と話していたが、雇われ施設長は、労働基準監督署という組織に関心を持ってくれたようだった。

施設長「原さん、労働基準監督署って県の機関ですか？」

私「いいえ、国の役所なんですよ。厚生労働省の。労働Gメンなどと言われることもありますが。まあ、自分たちでは言っていませんけど」

施設長「こうやって一人でまわられるんですか？」

私「原則一人なんですよ」

施設長「老健施設をまわっているんですか？」

私「いえ、人を使っている事業場はすべて対象なんです」

こんな話をしていたところ、事務長がたくさんの資料を抱えて部屋に入ってきた。事務長は、「言われた資料を持ってきました」と、テーブルの上に書類をどさっと置いた。

その表情を見ると、明らかに焦っているような様子がうかがえた。

残業、全然ないんですか？

　こちらも、置かれた資料に目を通す。

　給与台帳を見ると残業代の支払状況が確認できるので、通常、そこで額の多い者をピックアップしてチェックしていくのだが、残業代が支払われている者は一人もいなかった。

　今度はタイムカードをながめる。

　ほぼ、一定時刻に打刻されている様子がわかった。

　建物を閉めるところであれば、最終的な施錠の時間が、警備会社の記録に残るケースもあるのだが、ここは老健施設。二四時間稼働しているため、そういうことも確認できない。

　私は、「残業、全然ないんですね。それじゃ、シフト表と勤務日報を見せてください」と言って、別の切り口で勤務の確認を行うことにした。事務長が、入所者の記録などを記した業務の日報を渡す際、何か考えているようだったが、私は、渡された日報とシフト表、それにタイムカードを照らし合わせてながめてみた。

　予想通りというか、日報が引き継ぎ用の書類となっているため、確認の時間などが正確に記入されていた。記入した者のその日のタイムカードを見ると、既に打刻後の時間となっていることがわかった。ほかにも何人か確認するが、同じような感じで、既に退勤しているはずの者が記録を残しているといった状態になっていた。

思わず私は、「わかりやすいですね」と言ってしまう。嫌みのつもりではなく、純粋に、医療行政の調べには対応できるようになっていることに感心してしまった。

以前、ファミリーレストランを臨検監督した際に、手書きのタイムカードの退勤時刻後にオーダーをとっている伝票を確認したことがあったのを思い出しながら、「中途半端な偽装をするんじゃないよ」と思いつつ、冷静に話を進めた。

私は、「おわかりかと思いますが、退勤後に引き継ぎを行っていますよね。どうしてなんですか？」と尋ねた。

事務長は、追い詰められたような表情をしていたものの、「んー、打刻したあと引き継ぎを書くのを忘れていたんでしょうか」との抗弁。

そこで私が、

「でも、引き継ぎを書いてから打刻している人は誰もいませんよね」

「これだと、いわゆるサービス残業ということになってしまいますよね」

「タイムカードの打刻を一斉に行ったとすれば、偽装ということになりかねませんよね」

と、畳み掛けるように追及したところ、事務長は、
「私はよく知らなかったのだけど、そんなことをやっていたのかもしれない……」
と、曖昧ながらも、タイムカード打刻後に勤務していたという事実関係を認めることになった。

情報提供者の希望は、今後の改善ということではあったが、タイムカードの一斉打刻という悪質さや、労働時間の記録を残していなかったことの違反もあるため、日報をもとに再調査を行い、遡及是正を行うように指示をすることにした。

後日呼び出してもこなかった場合を考えて、その場で「是正勧告書」と「指導票」を交付して改善を求めた。

事務長は、監督を実施している間中、終始ひきつったような表情をしていたが、それとは対照的に、施設長は感心したような様子でこちらの指導状況を見ていた。ある意味完全に人ごとであったが、文書の受取人は、かたちのうえでの責任者、つまり施設長にしてもらった。

これだとうちが悪い施設みたいじゃないか！

庁舎に戻ると、私あてに電話がかかっていた。相手は、先ほど訪問した先の老健施設の母

体である医療法人の理事長であった。上司に確認すると、すごい剣幕だったという。

遡及是正に納得できなかったのかなぁと思いながら、折り返し電話をかけてみた。

当の理事長に代わったので、私が、「お電話いただきました監督署の原です」と言ってぃる最中に、「お前かぁ、連絡もせずにやってきた失礼な奴は！」と、理事長のいきなりのどなり声が。

その後もしばらく同じトーンの声で、立て続けに、

「以前来た監督官は、ちゃんと事前に連絡してきたのに、何でお前はやらないんだ！」

「良好な管理だとまで言われたのに、この勧告書はなんだ！」

「これだとうちが悪い施設みたいじゃないか！」

「前にきた○○さんを見習ったらどうだ！」

と言う。どうやら、連絡なしにきたことと、以前は全く指摘を受けていないのに今回時間管理について徹底的に問題を指摘したことが不満だったらしい。

実は、前回の監督内容に関しては、データベースから前回の復命書を確認していた。担当したのは先輩監督官だった。その方の書く復命内容には「良好に管理されていた」という報告を多く見かけていたが、実際に行くと問題があることが多かった。私にとって今回の施設

は初めてであったが、本体の病院にその先輩監督官が監督していた履歴があり、「良好に管理されていた」と書かれたその内容に関しては全く信用していなかった。

理事長は一通り言い終えたようで、間が空いたため、私は、

「理事長先生、おっしゃりたいことはわかりました。ただ、普段通りの状況を見させていただきたいので、原則は予告しないことになっているんですよ」

「働いている人に、監督署と結託しているのではないかと誤解を与えるのは、先生にとってもよろしくないでしょうし。管理している方がいなければ、帰るつもりでしたから」

と、原則論の話を丁寧に話した。

そのうえで、指摘事項についても、

「労働基準法を知らず、制度を守っていなかったことで、働いている人とトラブルになって困ってしまわないように、あらかじめ問題点を見させていただきました。施設や病院の評判が落ちても困るでしょうし、横浜市などの監査で指摘されると大変でしょうから」

と、あくまで施設が困らないように教えてあげたふうの話をした。おそらく、法令違反は故意であったと思われるが、改善させることが主な狙いなので、相手が受け入れやすいように説得を行った。

それでも、一旦熱した頭はなかなか冷ますことができず、理事長は最後に捨て台詞のような感じで、

「今度くる時は、必ず連絡しろ！」

と言ってきたが、私は、

「今回の件でお伺いする際には、必ずご連絡いたします。ただ、別件の場合には、申し訳ありませんが私ではないかもしれませんので、お約束できません」

と伝えたところ、電話をガチャリと切られてしまった。

しかしその後、この施設の事務長から是正報告書が提出され、日報と照らし合わせた時間については、施設でも労働時間と認定して差額を支払っていた。今後についても、一斉打刻ではないタイムカードを確認し、是正完了として完結した。

労働基準監督官の強大な権限――立ち入りに裁判所の許可は不要

労働基準監督官は、その活動根拠を、労働基準関係法令の中に置いている。関係法令といっても、労働基準法だけでなく、労働安全衛生法や最低賃金法、じん肺法や作業環境測定法など、様々な法律があるが、基本的には同じような形で規定されている。

たとえば、労働基準法第一〇一条第一項においては、

「労働基準監督官は、事業場、寄宿舎その他の附属建設物に臨検し、帳簿及び書類の提出を求め、又は使用者若しくは労働者に対して尋問を行うことができる。」

としている。

これによって、監督官は、裁判所の許可などなくても立ち入る権限を得ていることになっている。もちろん、これは犯罪捜査などのためではないが、この臨検を拒否したり、書類の提出の拒否、虚偽の陳述や虚偽の書類の提出をしたりすると、労働基準法違反として処罰の対象になったりする。

ちなみに、臨検監督と呼んでいるのは、この条文にあるように「臨検」となっていることからであり、監督官が行う行政上の調査を「監督」と呼んでいるために、直接出向いて調査することとの意味を持つ。逆に、監督署に呼び出す場合には、「呼出監督」と呼び、たくさんの会社を一斉に集めて会議室などで調査する場合には、「集合監督」などと呼んでいる。

インターネットも含め、世の中には、労働基準監督署に関する様々な情報が出ている。社会保険労務士などいろいろな方が出されている監督署対策本や、ネット上に書かれている情報などでは、監督署による「調査」や「監査」などと書かれていることが多いが、そういう

情報には、不確かなものも数多く見受けられる。

正しい情報なのかどうなのかを見極める材料の一つとして、「監督」とか「臨検監督」などと書かれているかどうかを見れば、ある程度確かさがわかるはずである。

警察の実況見分は拒否できても臨検は拒否できない

工場の現場で労災事故が起きた際、警察から実況見分のため中にいれるよう言われても、任意捜査であるためこれを拒否することが可能である。しかし、労働基準監督署の場合には、労働安全衛生法に基づく立ち入りであるため拒否することはできなかったという逸話がある。実際に、警察を拒否した工場があるのかどうかは知らないが、厳密に解釈するとそういうことになるのだ。

これも横浜にある監督署に勤務していた頃の話であるが、後輩の監督官が監督に行った際、会社で立ち入りを拒否されたらしい。法令上はそれだけで処罰の対象であるが、すぐに処罰を行うわけではなく、今度は複数で行くことになった。その際、カメラを持参して、臨検監督を拒否された場合、記録を残すということになった。今度拒否した場合、そのまま捜査報告書に取りまとめ、刑事捜査に移行することを確認していた。

幸い、複数名で再び訪問したことが功を奏したのか、臨検監督の拒否はなかったようだったが、臨検監督を拒否すると刑事手続きにまで移行しても構わないという覚悟が必要である。

また、臨検拒否ということは、それ自体が処罰の対象になってしまうということはもちろんだが、経営者が臨検拒否する姿を、そこで働く労働者に見せてしまうことのほうが、大きなリスクとなる。監督官がやってきたため、労働者が職場環境の改善を期待していたところ、経営者が追い返してしまった。その労働者は、がっかりしてしまうだけでなく、この会社にいても法令を守ろうとすることは期待できないと思い、就労意欲の低下だけにとどまらず、良い職場があったら辞めてやるという気持ちにもなりかねない。臨検拒否は、良好な労使関係の構築を防げる行為にほかならないのである。

法令上、臨検監督は予告なく実施できる。あらかじめ伝えなければならないということはない。逆だ。事前に予告することで勤務の実態が把握できなくなる恐れが生じてしまうので、原則としては予告なく行うことになるのだ。

先ほどある臨検監督の経験をお話ししたが、その当時は、予告してはならないというルールはなかった。しかし、平成二〇年前後から、霞が関の厚生労働省に「国民の声」が寄せられ、あらかじめ連絡するのは会社と監督官がつながっているのではないかと思われてしまうため、以後は、効率が悪くても、予告なしの監督実施を原則とすることになった。この辺りが、事前の予告を行う税務調査とは大きく異なる部分である。

厚労省の「伝家の宝刀」――労働基準監督官は司法警察官

労働基準監督官には臨検監督の権限以外に、もうひとつ大きな権限がある。

それは、こと労働基準法令の違反に関しては、警察官と同様に、司法警察官としての職務を行うことである。

労働基準法第一〇二条においては、

「労働基準監督官は、この法律違反の罪について、刑事訴訟法に規定する司法警察官の職務を行う。」

としている。ちなみに刑事訴訟法 第一九〇条では、【森林、鉄道その他特別の事項について司法警察職員として職務を行うべき者及びその職務の範囲は、別に法律でこれを定める。】としている。これに対して、労働基準法や労働安全衛生法など、それぞれ個別の法律で、労働基準監督官が司法警察官として仕事を行う旨定めているのである。

このため、労働基準監督官は、特別司法警察職員として、裁判所から逮捕や強制捜査などの許可証をもらって直接捜査を行い、検察官に事件を送致することができる。大手広告代理店に強制捜査を行ったのは、この権限によるものである。

厚生労働省では、この司法権限を「伝家の宝刀」などと呼んでいるのだが、実際のところ、この刀がなまくらだったり、錆びついていたりすることもありうる。

そうならないように、各監督官には、一年間で一人一件は捜査を行って検察庁に送致するようにノルマを設定している。とはいえ、年間の監督官による送検件数は一千件前後であり、送検できない監督官も少なくない。送検すべき事件が少ないケースもあるのだが、捜査が苦手で着手できないというケースもある。

そこで、新人の頃から繰り返し研修を実施したりするのだが、取り調べが苦手だったり、捜査書類の作成がよくわからなかったりで、司法事件に苦手意識を持ち、結局、送検できない監督官が生まれてしまう。

監督を実施しても守らない場合などには送検してしまおうというバックボーンがあるから様々な指導を行うことができるのだが、送検することが苦手な監督官は、送検に至らないように、違反の指摘もトーンダウンしてしまいがちになる。そんななまくら刀にならないよう、常に送検し続けることが重要なのである。

なお、私の一九年間の勤務のなかで、実際に監督して捜査するような部署にいたのは一四年間だけである。そのなかで、二〇件近くの事件を送検した。送検できる事案がなかった年もあったが、個人的には捜査は大好きであり、同時に二、三件を持っていたこともある。京浜工業地帯のある監督署に勤務していた時がピークで、この監督署に勤務していた二年間に送検した件数は六件になる。

ある日「給料が払われていないのです!」という申告が

少し長くなる話だが、監督官が事件を処理する流れがわかると思うので、触れてみよう。

まだ監督官になって四年目の頃、とある監督署で在庁当番という居残り勤務をしていた時に、事務室内に一〇名近くの年配の女性たちが入ってきた。こういう時は大抵会社とのトラブルで、賃金の未払い問題か、それとも不当に解雇されたという問題が多かった。簡単に話を聞いてみると、パートで働いていた際の賃金が支払われないというものだった。

事務所内の相談スペースでは席が足りず、会議室で話を聞いた。

彼女たちが働いていたのは、お菓子など食料品を梱包して出荷する会社で、名前を聞いたところ、聞き覚えのある会社名だった。というのも、それは、数日前に、先輩である別の主任監督官が電話だけで解決していたところだったのだ。

その会社では、賃金支払いが遅れるようになり始めてから、五〇名ほどいた従業員がどんどん辞めていったらしいのだが、社長は、「辞めるようなやつに給料は払えない」という理由で、払ってこなかったようだ。相談者たちも仕方なく働き続けたものの、ついに退職に及んだところ、結局、給料は支払ってもらえなかったらしい。

会社が倒産して給料を支払える能力がない場合、国が一時的に立て替えて給料を支払う制度があるのだが、会社が経営を続けている限りその対象にはならず、退職から六カ月経過してしまうと、その後に倒産したとしても救済されることはない。相談者たちには連絡先を書いてもらい、「申告」として受理することになった。

「申告」とは、労働基準法などに違反していることで労働者の権利が損なわれてしまい、その権利の救済を求めた労働者の申し立てを受けて、臨検監督などで事実確認を行い、改善を進めていくという手続きである。田舎の監督署ではあまり受理件数はない一方、都会の監督署では一日何件も受け付けているところもある。申告処理は、解決してもしなくても、申告人が処理終了に納得すれば完結となる。違反が確認できなかった場合、申告人に連絡しても処理終了に合意してもらうことが難しい場合も多い。本来、労使間のトラブルなのに、監督署がその間に入ったがために巻き込まれてしまい、労使双方から恨まれてしまうようなケースも時々ある話だ。

申告は輪番で行っているために、それを受理する者と実際に処理する者は異なるところが多いのだが、この案件は、たまたま自分が担当することとなった。気持ちとしては、前回の主任監督官の処理のように電話一本で済まないかなと甘い考えを持っていた。まさか、その後約一年にも及ぶことになるとは思いもよらなかった。

とりあえず、電話で解決すればOKと思い、会社あてに電話を入れた。

私が、「社長さんはいらっしゃいますか?」と話したところ、三分ほど保留にされた後、枯れた男の声で、「社長だが、どちら様?」との返答。

私「監督署の原と言います。おたくで働いていた方から、お給料がもらえないという相談があったのでご連絡してみました」

社長「今忙しいのであとにしてくれ!」

私「それは申し訳ありませんでした。それでは御多忙でない時にご連絡ください。申し訳ありませんが、数日以内にご連絡いただけないでしょうか」

社長「わかった」

その時は、そう言って電話を切った。心の中では、多少の解決の期待をしていた。

直接会社に乗り込む

しかし、その後一週間経っても社長からは連絡がなかったため、結局、直接会社に乗り込むことにした。会社は、街の中心部から少し離れたところにある、木に囲まれた大きな倉庫だった。倉庫前には多くの自転車があり、中に入ると、二〇名程の比較的年齢の高い女性が、作業台を使って袋詰め作業を行っていた。

近くにいた従業員に、社長に会いたいと言ったところ、倉庫の二階にある事務室らしいところに案内された。

しばらく待たされたあと、小柄なやせ気味の中年男性が入ってきたが、明らかに不快そうな顔をしていた。私が、

「社長さんですか？　監督署の原と言います。お電話お待ちしていたのですが、ご連絡いただけなかったので、直接お伺いいたしました」

と言うと、その社長は、

「じゃあ、そこに座ってくれ」

と言って、折りたたみ椅子を広げてくれた。

私「早速ですが、お給料をもらっていないというお話がありましたので、確認させてください。お支払いはどういう状況ですか？」

社長「確かに支払っていないけど、あいつらは会社を困らせようと、一斉に辞めたんだぞ。頭にきたから、まだ払っていない」

私「何で一斉に辞めたりしたんですか？」

社長「多分、給料が遅れていたからだと思うけど」

私「お給料がもらえないと、皆さんも困るでしょうね。……会社が困る前に自分たちが困ったんだから、仕方ないですよね」

社長は、多少ぶすっとした顔をしながら、「まあな」とつぶやいた。

現状を聞くと、自転車操業状態であって、現在勤務している者の給与も遅れ遅れで支払っているということだったが、社長は急に、

「あと二カ月後までには、何とか目途をつけるから」

と、強気な発言を行った。この時点では、「何を根拠に」と尋ねるわけにもいかず、何か秘策があるのかもしれないので、

『所定期日までに是正しない場合、送検手続きを取ることがあります。』
という警告文を記載した是正勧告書を手渡して、支払いの報告をするように指示しておいた。

信じられない社長の対応

しかし、二カ月が経過するが何の報告もない。中告人に確認しても未払い賃金は支払われていないし、社長からも何の連絡もないという。「やはりか」という思いのなか、指示した是正期日も到来し、退職後六カ月という期限も迫っていた。未払い賃金の立替払い制度が使えるかどうかも含め確認する必要があり、再び会社に行ってみることにした。今回は、即時事件着手となる可能性もあったため、前回事案を担当した主任監督官にも同行してもらった。

会社に到着すると、自転車の数は前回より大幅に減っていたものの、中では数名が作業を行っていた。私たちに気がついた女性従業員が、すぐに事務室に案内してくれた。しばらく待つと、社長が相変わらず不機嫌そうに入ってきた。

私「連絡がなかったので、もう一度来ました。期限が来ましたが、お支払いのほうはどうなりましたか？」

社長「全く払える目途なんか立ってないよ……」

私　「それは困りますねー。これからどうするんですか？」

社長　「目途が立たないものは仕方ないじゃないか……」

私　「困りますねー。もちろん、一番困っているのはお給料もらえていない方ですが。……会社は整理されるんですか？」

社長　「そんな金なんてあるわけないだろ！」

社長は完全な開き直り状態になっていた。

私　「所定期日までに是正しない場合、送検手続きを取ると書いていますよね。是正する気がないのなら、これから先は、刑事手続きに移らせてもらいますよ。……それでも構いませんか？　仕事できなくなることだってあるかもしれませんけど」

そう聞いてみたところ、少し焦ったような表情を見せ、社長は、

「ちょっと待て！　あいつらに話しをして、監督署に話したことを取り下げさせるから」

と、これまで何もしなかった社長が連絡を取ると言いだした。これは、警告文の効果で払ってくれるかなと思いながら、私が、

「どういうふうに取り下げてもらうんですか？」

と尋ねたところ、社長は、

「呼び出したら、びびって取り下げるだろ！」

と、予想もしない回答が。

同行してもらっていた主任監督官と、「こりゃだめだ！」と顔を見合わせた。主任監督官からは、ぼそりと、「やるしかなさそうだね」と言われたので、私も覚悟を決めて、

「是正する気がないのであれば、こちらは事件として着手します。必要なタイムカードなどの書類を預からせてもらえませんか？」

と社長に伝えた。

すると社長は、椅子に深く腰掛け直して、

「ニンテイか？　ニンテイならしないよ。拒否するよ」

と答えてきた。

ニンテイ（任意提出）などという言葉は、一般の中小企業の社長であれば決して使わない。この社長は「刑事慣れ」しているなと思いながらも、これ以上どうしようもないため引き揚げることにした。任意提出を拒否された場合に行う手段はただ一つ、「強制捜査」しかないのだが。

会社をあとにして、車の中で主任監督官は、「ああは言っても、そのうち払って報告して

くるよ」と言っていたのだが、私の心の中にはメラメラと炎が燃え始めていた。

捜査に着手されるとそれだけで企業は存亡の危機に

庁舎に戻ると、すぐに申告人に電話をかけ、社長が全く支払う気がないこと、倒産させるつもりもないこと、そして、任意で証拠物を出す気もないことなどを説明し、申告を打ち切りとすることへの同意をもらった。この段階では立替払い制度による救済も行うことができないが、現時点で刑事手続きについての意見を聞くと、「処罰を求めたい」ということであった。

その時点から、労働基準監督官としては、行政官ということではなく特別司法警察職員として労働基準法違反（賃金未払い）の捜査が始まることになった。今では、罰則等の改正により、賃金不払い事件は労働基準法の特別法としての「最低賃金法違反」として捜査することになっているが、当時はすべて労働基準法違反ということだった。

捜査の最初に行うこと、それは様々な照会文書を出すことである。

登記簿謄本を取り、そこから社長の名前、住所を把握し、今度は住民票を取り戸籍を確認する。そのうえで、法人、役員、そしてその家族名義の銀行口座を確認する。金融機関からの回答文書から入出金先が把握できるため、取引内容を把握するために、今度はその取引先に照会文書を出す。

こうして、ほとんど丸裸状態になってしまうのである。

実は、これは企業にとっては非常に大きなリスクなのだが、それを認識できない経営者は少なくない。金融機関や取引先への監督署からの照会は、リスクを抱えてしまっている会社であることが判明するだけでなく、昨今ではコンプライアンスの観点から取引を控えられてしまうことも少なくないのである。

つまり、労働基準法などの刑事捜査を開始された時点で、銀行や融資先、取引先などから取引の縮小や中止というリスクが生じるわけで、企業にとっては存亡の危機にも陥りかねない状況が生じてしまうのである。

大手広告代理店のような大企業、体力のある会社なら、刑事捜査開始を知られても取引中止などのリスクを負うことはないのであろうが、体力のない中小企業にとっては一大事。信用失墜とともに取引が終了してしまうこともあり得るのだ。

捜査する、しないは監督官次第?

さて、賃金不払いや残業代不払いなどは、支払いを要件としているために、その支払日に資金があったのかどうか、不要不急の支払いなどに回して支払うことができなかったのかどうかという

「期待可能性」

の捜査がメインであり、捜査に時間がかかってしまうのは、これらを徹底して調べる必要があるからだ。墜落死亡事故などの捜査に関しても、場合によっては、「手すりを取り付ける費用がなかった」などの主張があれば、本当にそうなのか、資金繰りまで見ることになるのである。

それらの照会を行いながら、被害者からはいわゆる事情聴取を行い、供述調書を作成するという作業を行う。そのため、他の業務がなかなか行えないような状況になる。

労働基準法関係の捜査は、事故などの労働安全衛生法違反の捜査に比べ、照会文書を出すこと、戻ってきた回答書類をまとめて集計しお金の流れをつかむこと、さらに、多くの被害者から聴取を行うことなど、非常にやるべきことが多く、捜査に時間がかかってしまう。

それを嫌がると、結局捜査を控えようとする監督を行うこととなり、通常の指導も弱くなってしまうのである。重い違反を多く書けば、監督官自身のクビを絞めることにもなりかねないので、そこでどういう違反を書くのかということが、その監督官の仕事に対するスタンスを表すことになる。違反を指摘する者、しない者に分かれるわけで、先の病院の理事長に違反を指摘しなかったという監督官は、本当に指摘する能力がないのか、それともこういう違反を避けているのか、仕事に対する向き合い方がわかってしまうものなのだ。

監督官は外で監督してナンボということなので、実際に数字が上がらないと、それはそれで面倒なことになるので、「かとく」のように複数名で集中して捜査する舞台というのは非常に勝手がよいわけである。ある程度、集中して捜査をしないと、ダラダラと事件送致までに日数が経過してしまう事案が少なくない。

強制捜査も辞さず!

これらの捜査を進めていくなかでわかったこととして、
＊すでに会社は債務超過で倒産状態にあり、事業場をいつ閉鎖してもおかしくない状況
＊多額の借り入れがあるが、そのなかには業務と無関係のところも多い

＊社長の前科には、各種刑法犯のほか競馬法違反というものがあった
＊支払日に給料を支払うだけの資金は確認できなかった
という状況が判明した。

手形をあちこちに振り出していたので、その支払先を確認するためには会社にある手形の「耳」が必要だが、それらが得られない。そこで金融機関に依頼したところ、「直接調べてくれ」と言われた。仕方なくその金融機関に行き、書庫にある膨大な支払証拠書のなかから、当該手形を一件ずつ引っ張り出して確認するという気も遠くなる作業を、一週間ほど行った。そういう作業量だっただけに、当然、金融機関からは拒否される話であったのだが。

検察官を通じて前科の競馬法違反を調べてみたところ、競馬のノミ行為により検挙されたことがあったようで、どうやら業務と無関係の支払先には、この辺りが絡んでいるらしいこともわかった。

一方その頃、新たな相談者として、今度は家内労働者も一〇名ほど監督署にやってきた。いわゆる「内職」さんである。一つやって何銭という地道な作業を行う人に対しても、その工賃を支払っていない状況が判明した。

これら家内労働者には、労働基準法ではなく、

「家内労働法」

という法律が適用されることになるのだが、これも監督官の職務の範疇である。

これで、労働基準法違反と家内労働法違反の二つの違反で立件する方針が固まったのだが、その頃にどうやら事業場を閉鎖して、よそに移転しそうだという情報が入ってきた。

「ガサ入れ」へ

そのため、いよいよ捜索差押を実施することとした。いわゆる「ガサ入れ」である。

私がここまでガサ入れを避けていたのは、確たる証拠を集めるという意味もあったのだが、すでに経営破綻していることがわかっていたので、「監督署にガサ入れされたために倒産した」などという言い訳をさせないためでもあった。

その頃、捜査機関である労働基準監督署では、強制捜査は時々しか行わず、逮捕に至っては全国でも年間一件程度であった。当時四年目の私は、強制捜査の経験がないのに、主任捜査官として強制捜査を指揮することになった。幸い、次長（現在の副署長）がノウハウを多く持っていたため、ある程度の手順を知ることができた。

行うべきことは多く、

＊ガサ入れ時の職員の配置計画
＊管轄の警察署へのガサ入れ実施の事前通報
＊公務執行妨害などがあった場合への対応の依頼
＊誰も立ち会わない場合の立会人として、消防署へ立会人依頼
＊鍵がかかった場所への捜索のため、解錠のための鍵屋への依頼
＊その予算的な措置を行ってもらうため労働局への依頼
＊必要な備品の準備作業
など、非常に手間暇のかかる作業を行った。

そして、一番肝心のところとして、裁判所から捜索差押許可の令状を取る必要があった。令状は、建物だけでなく、停めてある車両や社長の車なども取ることになり、考えられるありとあらゆる物品を差押対象とした。

最寄りの簡易裁判所に行き、捜索差押許可状請求書と併せて、捜索の必要性を書いた捜査報告書、関係者の供述調書などを添付して提出した。しばらく待たされたあと、裁判官から呼び出しを受け執務室に入った。何か不備でもあったのかなと不安な気持ちだったが、労働基準監督署が許可状をもらいにきたことが珍しかったようで、これまでの経緯などを一通り

説明し、その後、令状が交付された。

前日には、状況確認のために会社の内偵を行ったが、自転車はないものの、倉庫内では人の動きが見えた。

ずっと後になっての話だが、死傷病報告の虚偽報告により、現在は本省回りをしている後輩監督官が主担当となり、強制捜査をすることになった。上司と強制捜査の前日確認を行った際、上司とその監督官が会社の人に見つかり、不審者と疑われた、ということがあった。その時、上司は「地上げ屋です」というわけのわからない言い訳をしていたらしいが、翌日ガサ入れ実施時に、会社の事務員から「あなた地上げ屋さんじゃなかったの？」と言われていたのを見た時は、緊張感のある捜索実施の際に「フッ」と笑ってしまったことを覚えている。もちろん、本来はそういう形で見つかってはいけないのだけれど。

夜逃げ？　証拠品押収に失敗

さて、いよいよガサ入れである。

当日朝から、職員八名で二台の車に分乗し、会社に向かった。車の中で、今日の昼はどうしようなどと話しをしながら、頭の中では、あの社長に対してどういう顔をしてこの令状を見せようかと、自分なりのシミュレーションを懸命に行っていた。

しかし、事はそううまく運ばなかった。倉庫入り口のシャッターは閉じられ、中に人影はなかった。社長の車もなく、表には配送などに使用していると思われる車両が二台あるだけだった。前日確認の際には作業していたので安心していたが、夜まで監視していればよかったと後悔してしまった。

仕方なく捜索の立会人を消防署まで迎えに行き、捜索を開始することとした。何もなかったら困るなという思いで不安になりながら、捜索に協力してもらう他の職員にも申し訳ない気持ちだった。

消防の職員が到着し、捜索を開始した。

呼んでいた鍵屋さんに、入り口鍵を解錠してもらうことになったのだが、特殊な工具を取り出したかと思うと、ものの三〇秒で鍵が開いてしまった。

捜索は、事務室を中心に行うことにしていたが、そこは段ボールの山だった。「何だ、これは?」と思いつつ、捜索要員が段ボールや引き出しを開け、それぞれの中身を確認した。どうやら引っ越しのための準備が行われていたようで、段ボールの中身を見ると、ある箱には食器類がまとめて入れられたりもしていた。そのなかから、めぼしい書類を確認しながら押収するリストを作っていった。

今であればパソコンに入力して、それをプリントアウトすればいいのだろうが、当時はまだパソコンがそこまで普及しておらず、押収品については、カーボン紙を使って複写しながら押収品目録に黙々と書いていたのである。

明確に給与不払いの額を特定する資料はなかったのだが、内職に対して不払いとなった工賃の一覧表などは残されていた。給与などを打ち出していた専用の端末は、すでに運び出されていたようで、給与関係の資料が出てくることはなかった。

めぼしいものがあまりないなか、社長の手帳などが発見された。それを見ると、何やら野球チームの名前や数字が書き込まれたページが数多く見受けられ、ギャンブルに詳しい職員が、「それ、野球賭博のオッズだよ」と教えてくれた。比較的新しい手帳で、ごく最近まで使っていたような感じだった。そのほかにも、賭博関係らしい資料が見つかり、仕事より賭博に熱心だったような印象を受けてしまった。

社長に対する憤りを感じつつ、一通りの捜索を終え、初めてのガサ入れはぬるっとした感じで終了した。

庁舎に戻ってきてからは、押収した品の分析を行っていた。初めての捜索で、必要なものだけに絞らず持ってきたため、それぞれ押収した物を分析するだけで捜査報告書を山のように作成する必要があった。

所有者が立ち会っていないため、社長の自宅に「押収品目録」の控えを送付し、監督署で捜索差押を実施したことを連絡しておいた。これでどういう反応があるのか待っていたのだが、社長から私には、何の連絡もなかった。

しかし、不払いとなった従業員の家には、社長から手紙が送られてきたようで、「不払いとなっている賃金を支払うことができないが、いつか目途がついたら支払う」「所在は明かすことができない」という言い訳程度の内容が書かれていた。それでも、今まで連絡を取ることすらなかったのだから、少しは効果があったのであろう。

偽装倒産?——新しい事業場を発見

捜索数日後、会社に確認に行ったところ、すでにガランとなっていた。社長の自宅がわかっているので多少の安心感はあったものの、捜索で出てこなかったものがどこにあるのか確認する必要があった。

その後、署内で会議を開き、新たに事業を行っているであろう場所を特定し、その所在地と社長の自宅を再度捜索することを決めた。ちょうど異動時期だったのだが、私は異動しないことがわかっていたので、引き続き主任捜査官として対処することになった。

それから二日置きくらいの間隔で、社長の自宅の監視作業を始めた。監督署から車で一時間ほどの管轄外の場所にあるため、行くことがなかなか困難だったが、何とか新しい事業場を把握しようと懸命に見張っていた。

監視を始めて二週間ほど経った頃のことだ。自宅に向かっていたところ、付近を社長の車が走行しているのを確認したので、すぐさま尾行を開始した。尾行や張り込みといっても、何ら訓練を受けたことがない素人程度のものだったが、それでも、見つからず見失わず、何とか食らいついていた。

すると、社長の自宅からおおよそ五分ほどの場所の平屋の小さな倉庫の前で、社長の車が停まった。車から出てきたのは、やはり社長であり、彼はその倉庫の中に入って行った。

こちらも恐る恐る倉庫の前を車で走ると、自転車が数台停められ、前には見覚えのあるフォークリフトが二台。さらに、捜索の時も停めてあった白色のバンがあった。規模はかなり縮小されていたが、ここで事業をやっているようだった。従業員募集の貼り紙も出されていたが、こちらでは別の事業の名前が書かれていた。

労働局から望遠レンズを借り、遠方からカメラで新しい事業場の撮影を行うことにした。さらに、私服に着替えた新人監督官に同行してもらい、何度か倉庫内の様子を見てもらった。

新しい事業の名前では登記した様子はない。銀行で口座を確認してみると、社長の妻が代表ということになっていた。

裏を取っている間に、元従業員もこの場所を発見し、直接事業場に乗り込んだらしい。その元従業員たちは、社長から、

「会社は倒産した」

「倒産したら、従業員に給料を払う必要がない」

「もう直接くるな」

と言われ、追い返されたとのことだった。しかし、辞めた従業員の間で「社長の女」と言われていた、同じパート従業員で経理担当の女性も、ここに引き続きいることが確認された。

二〇名態勢でガサ入れ第二段

どうやら機が熟したようだ。第二段のガサ入れを行うことになった。捜索場所は、監督署

の管轄外であったため、労働局の監督課に応援を求めた。また、捜索場所管轄の監督署にも、車両の提供や監督官の応援を求めた。

他の監督署からの応援希望もあった。ガサ入れ未経験者が多いので、経験を積ませたいという局の意向もあり、結局、二〇名以上の態勢が整った。大手広告代理店のガサ入れでも三〇名程度なので、小さな労働局でのこの人数は、非常に多いと思える（前述の「地上げ屋」のガサ入れはわずか五名だった）。

今回は、本体である事業場と社長の自宅のガサ入れを同時に実施する。これにより、証拠隠滅の防止と併せ、社長への精神的な圧力をかける意味もあった。

全体の捜索の指揮と本体の指揮は私、社長自宅の指揮者は人事異動でやってきた私の上司になった。捜索開始時刻も八時三〇分と、不意を突くような時間を設定した。前回の経験が生き、鍵屋や立会人の依頼、管轄警察への応援要請などスムーズに事が運び、裁判所からの令状交付もあっという間だった。

当時、私は二県を跨いで通勤しており、集合時間の朝七時に着くため、始発電車に乗って向かった。一番に到着できるかと思ったが、すでにほとんどの捜索参加者が集まっており、意気込みも相当なものだった。

車四台で捜索箇所に向かい、現地で二手に分かれた。当時は携帯電話がようやく小型になった頃で、役所の携帯をいくつか借りて、連絡を取り合いながら捜索のタイミングを計った。

本体箇所では、一度車を走らせて、中で作業を行っていることを確認。その後時間となったので、捜索開始の連絡を入れた。

どかどかと一〇数名が車から降り、一旦入口で待機させた。私は、そのまま作業場の中に入った。あらかじめ元従業員から倉庫内の様子を聞いていたので場所はわかっていたのだが、社長を呼び出してもらい対面した。望遠レンズ越しでは見ていたものの、社長とは久しぶりの対面。社長のほうも何事かはわかったようだった。

令状を示し、裁判所から捜索の許可が出ていることを伝え、立会人になるよう話したところ、社長は「わかった」と了承した。捜索中は、一切の人の出入りを禁止し、従業員には同じ部屋で固まっていてもらっていた。社長が一度電話をかけようとしたが、電話はやめるようにと言ったところ素直に従い、受話器を置いた。

自宅の捜索状況が気になり自宅捜索班に電話をかけたところ、自宅には社長の妻がいて、別に勤務する会社に出勤する前だったようだが、立会人となることに応じてくれ、無事に捜索を開始したとのことだった。
　事業場内の捜索中、私は社長に尋ねた。
私「どこにどんなものがあるのか教えてもらえますか？」
社長「勝手に捜せばいいだろう……」
私「すべての箇所を捜索しますが」
社長「好きにしろ」
私「それでは好きにさせてもらいます」
　社長としては最後の意地だったのだろうが、その分、捜索にも時間がかかってしまった。
私「倉庫前に車が停まっていますが、これも調べさせてください」
社長「あれは会社と関係ない……」
私「ここにある車両にも令状をとっていますので、鍵を開けてもらえないなら、こちらで開けさせてもらいますよ」
　社長は令状をながめてから、しぶしぶポケットからキーを出し、車の鍵を開けた。車は会社とは関係ないと言っていたが、自分の車のように乗り回していたその車が会社名義であることはあらかじめわかっていた。

車のトランクからは、ゴルフバッグのほかにいろいろな領収証が出てきた。従業員の給料日に支払いが滞っていた時も、社長はゴルフ場でプレーをしていたということも、その場で判明した。

私「ゴルフ、お好きなんですか？」

社長「好きだけど、悪いか？」

私「給料をちゃんと払っていたら、好きなだけやってもいいんですけど」

社長「うるさい！」

事務室内からは、会計用の専用コンピューターが出てきた。フロッピーを差し込みデータを打ち出す形式の、今ではとても使えるようなものではないのだが、このフロッピーすべてを差し押さえた。当時は、フロッピーがすべてという状況だったのだが、今やフロッピーを見ることもなくなった。

捜索途中で、取引先らしき人がきたのだが、立ち入りを禁止し、そのまま帰ってもらった。社長は慌てていたが、すぐにあきらめた様子だった。

こうして証拠物一〇〇点近くを押収し、捜索は終了した。連れてきた鍵屋さんは、結局出番がなかった。

私「これで捜索を終了します。この後に、監督署でお話しをお伺いしたいのですが。……任意での調べですが、応じてもらえますか？」

社長「いつでも行ってやるよ！」

私「良かったです。呼び出しに応じない場合の方法は一つしかありませんので」

社長「知ってるよ……」

ちょうど捜索が終了する頃、自宅捜索を終えた部隊も合流、私たちは引き揚げた。車内では黙っていたが、捜索参加者は少し興奮状態だったようだ。私自身も、ホッとした気持ちと興奮状態が混じったような複雑な心境で、その日の夜は、眠かったはずなのになかなか寝付けなかったことを今でも覚えている。

押収物と格闘する

その後は、再び押収した証拠物との格闘が始まった。大手広告代理店に入った東京労働局の「かとく」では、在籍のメンバーで手分けして調べることになるのだろうが、監督署の場合はすべて一人でやらねばならない。

捜索した時の捜査報告書も作らなければいけないし、「捜索差押調書」なるものも作る必要があった。これは、事業場本体のほうは当然私が作ったが、自宅のほうはわからないため、上司に作ってもらった。監督官歴一五年以上のベテランになるはずの上司であったが、司法事件にはかなり不慣れだったようで、書いてもらいたい内容が全く記載されていなかったり、どうでもよいことが書いてあったりの「お粗末」な書類だった。

私は、捜査主任ということで、その内容をもとに自宅の分について手直しをして、これに、彼の上役の次長に署名押印してもらいたいとお願いしたところ、その上司は、非常に憤慨したのか、何も言わなかった。そのまま何も言ってもらえず、書類は彼の机に上に何日も放置されていた。

仕方なく、同行した別の者の名前で作成し直し、署名押印してもらうことで事なきを得たのだが、何も言わない上司は、その後転勤までの数カ月間、私に対して何も言わず、書類の決裁も一切しなかった。その後、私が労働局の「監督課」に勤務している二年間も、彼が労働局にきた際に一切話しをすることはなかった。

私が手直ししたということが、その上司のプライドを大きく傷つけてしまったのだろう。一切何も言わない、何もしないということで、対抗したのではないのだろうか。その後、すべての決裁は、上司ではなく、直接次長が決裁するシステムができあがったため、業務に支障が出ることはなかったのだが、今で言うところの、上司による一種のパワハラである。とはいえ、当時はこちらがそれを意に介さなかったので、結局パワハラにもならないのだろうけれども。

さて、証拠調べを進めていくうち、従業員の給与のデータがないことが判明した。ないというより、上書きにより存在しなくなったということが正しいようだった。会計業務専用コンピューターのメーカーに押収したフロッピーを持ちこみ、内容をすべて印字してもらうことができたのだが、そこでわかったのは、給与データはすべて上書き処理を行っていたため、過去のデータが一切ないということだったのだ。

仕方なく、申立てをもとに従業員の未払い賃金の一覧を作成し、社長に確認するよう電話連絡を入れ、郵送したところ、速達で確認の署名押印をしたものが戻ってきた。ちょうど新しい事業での取引先に照会を行っていたこともあり、取引先からもいろいろ言われたのかもしれない。

「社長の女」と「あのひと」——当事者、関係者への聴取

一通り証拠調べを終えたので、まずは、「社長の女」と言われていたパート女性から話し

を聞くことになった。

その女性は四〇代半ばの綺麗な方だったが、夫も子供もいて、社長とは男女の仲ではない、一介のパート従業員にすぎないと言っていた。しかし、社長のことを「あのひと」と呼ぶなど、まるで奥さんのような印象を受けた。それまでは事業場が自宅の近所だったので自転車通勤をしていたのだが、移転により「あのひと」による送迎に変更になったと言う。少なくとも、「あのひと」からは手放されない存在であったことは間違いないようだった。

会社のお金の流れについては、彼女がすべてを把握する人物でもあり、全容解明に一歩近づくことができた。給与計算も工賃の計算もすべて彼女が行っており、どれを優先して支払うかの決定を、「あのひと」が行っていたようだった。

しかし、優先された支払先については、非常に不満を抱いていたようだった。取引先であればまだしも、全く会社と取引のない相手に先付け小切手を切り、その支払いを優先させるという状況で、それでは会社を危うくするだけだと、「一介のパート従業員」が会社のことを一番思っていたようだった。私には男女の仲であったかどうかを見分ける能力はないのだが、話を聞いてみて、他の従業員が疑うのもよくわかる気がした。

そしていよいよ社長からの聴取。すでに観念していたようでもあったが、従業員への給与の支払いは、いまだ行われていなかった。

当初、新しく行っている事業は、元の会社とは無関係であるという供述を行っていたが、経営や資材などの譲渡手続きはされていなかったので、

「会社所有の財産を、社長が経営する事業に移し替えたことは、業務上横領になる可能性があるね」

と問題を指摘したところ、あっさりと同一事業であると認めた。

また、賃金支払い日において、賃金に充当させるだけの資金があったかどうかについては、すでに充当するだけの入金があったのに別の支払いを行っていたことを確認していた。そこで、賃金支払いよりも優先させた、会社と取引のない相手が誰だったのかを尋ねた。

実はこの件について最初の聴取では、「子供のころに世話になった伯父」と言い、次には、「その伯父の知り合い」と言っていた。そのため、前もって、その「伯父」に取引関係の照会を行っていたのだが、「金銭消費貸借」という契約内容の回答だった。しかし、都道府県の照会でも、財務局の照会でも、「伯父」が貸金業を営む許可は受けておらず、戸籍関係の照会でも、その「伯父」にたどり着くことはなかった。

二度目の聴取を行った時になると、この「伯父」が「伯父のような人物」と変更になった

のだが、ギャンブルとか闇金のような用途であるのは間違いなかった。ただ、本来の会社の用途ではない支払先であることだけは認めたことで、「労働基準法令」における司法警察官である私としては、それ以上の追及は行わなかった。

賃金は未払いのまま、しかし社長の家庭も崩壊した

社長にとっては、経営が厳しく、このような状況では、会社がいずれこけてしまうことも理解していたようであり、その一環として事業場閉鎖に合わせて新たな事業を立ち上げたというのが理由のようだった。自分なりの私的整理という考え方だったようだが、整理しないで勝手にリセットしていただけでしかなかった。

その後、一通りのとりまとめを行い、申告受理から約一年かけて、大量の証拠物とともに、事件を検察庁に送致した。

今ならパソコンがあり、表計算ソフトを使えば簡単に計算できるところを、当時は、ようやくワープロ専用機が出てきた頃である。その機械にあるフロッピーを入れながら表計算をするというものすごいソフトを使って、経理の流れの捜査書類を作成していた。信頼度の問題もあるため、同時に電卓も叩いていたのだが。

事件の発表文を、県警の記者クラブへ投げ込みしたところ、非常に食い付きがよく、新聞五社が報道してくれた。検察庁でも非常に怒りを持ってこの事案を処理してくれたようで、予想しない速さで略式起訴された。

しかし、その後、従業員や内職者に賃金や工賃が支払われることはなかった。立替払いによる救済もされず、自分たちで訴訟も起こさなかったために、給料や工賃ももらえないまま放置されてしまった。そういう意味では、社長の目論見どおりだったのだろう。

私はこのことを教訓に、それ以降の賃金不払事案については、強力な行政指導に併せて、強く民事訴訟の勧めも行うようにした。賃金不払い事件は、どう転んでも罰金以上の刑はなく、事業を転々とさせる事業主にとっては痛手にはならないようだ。そんな事業主をギャフンと言わせる手段というのは、資金をなくしてしまうことだけでしかない。

この社長は、自宅のガサ入れ後から送致までの間に奥さんと離婚してしまった。子供とも別居した模様で、結局、そういったところでプラスマイナスになるようになっているのかもしれない。

第2章

職場の安全と健康を守る

——労働基準監督官はこうしてつくられる

独自の試験で採用される国家公務員

労働基準監督官時代の話を唐突に始めてしまったが、監督官とは何ぞやという部分の話が抜け落ちていた。

労働基準監督官は、厚生労働省所属の国家公務員である。以前は、国家公務員である事務官のなかから、一定の者に意思等を確認しながら転官させていたらしいが、昭和四一年より、労働基準監督官としての独自の採用試験で合格した者のなかから、任命するようになった。

そのため、この昭和四一年採用組を第一期の監督官と呼び、以降二期、三期と続いている。人員配置によって、年度によっては採用人数が多かったり少なかったりしている。平成二六年時点での労働基準監督官の人数は四〇〇〇人弱となっている。

私自身は、バブル末期に試験を受けて採用された第二七期で、最初の時点では一三〇名近い同期がいた。

どうでもよいことなのだが、同期というつながりは、監督官のなかでは非常に重要である。これは、全国異動のある監督官にとって、どこに行っても同期のつながりが出てくるからだ。

別の期であっても、行った先で同僚の同期を知っているとかそういうことでもつながりが出る。

監督官として採用された後、それぞれ全国の労働基準監督署に配属されることになるのだが、新規採用者に対しては、五月から約一カ月の前期研修、そして九月末から約一カ月半の後期研修を、埼玉県朝霞市にある労働大学校（旧労働研修所）で行っている。約二カ月半の期間、同じ場所で寝食を共にして学んでいくことから、いつの間にか仲間意識が芽生えることになる。その後も、五年目には数週間の上級研修というものも行われ、同期の監督官の絆がさらに培われていく。

今でこそ、研修後に試験などを実施しているようだが、私の頃はそういう試験などもなく、研修の目的は仲間づくりだと言われて職場から送り出されたので、日々、気の合う同期たちとのソフトボールやバレーボール、そして宴会をしていた。

A監とB監

採用試験は年齢制限があるが、受験資格は大学卒業見込みから二九歳までと幅広く、そのために同期でも年齢差があった。その頃の二二歳と三〇歳の違いはかなり大きいのだが、それよりも同じ監督官としての仲間意識のほうが強かった。

監督官の採用試験は、実は二系統あり、法文系の試験を受けて採用される者と、理工系の試験を受けて採用される者に分かれる。私の頃は、法文系の試験採用者のほうが多かった。採用試験の分類から、法文系の監督官をA監、理工系の監督官をB監と呼んでいる。ただ、自分がどちらの採用枠だったのかということは、仕事をしていくうえで多少関わることもあるのだが、基本的には採用されてしまうと区別はなくなる。

監督官の仕事は、労働基準法などの法の執行であり、また、刑事訴訟法など司法警察官としての仕事もある。一方、企業への安全衛生管理の指導や労災事故が起きた際の技術的な知識なども必要であり、それぞれの知識がある者として採用が行われている。

さらに、仕事となると、建設現場など安全衛生に関する指導が多いため、A監の私は、現場の知識をゼロから学んでいく必要があった。当然、B監の者も、それぞれ同じ理工系といっても専門分野があるわけで、仕事上関わる内容は分野外のことのほうが多く、学ぶべきことも多いのだと思われる。

実際、前に触れたガサ入れを行った監督署で、内偵に同行してもらった新人監督官は、実は同い歳であり、さらに旧帝国大学の大学院までいって有機化学を学び、数年間の化学工場での勤務を行った後に監督官になった人だった。地下鉄サリン事件が起きた直後の年度だったこともあり、有機化学について話題になった際、その新人（？）が、「サリン、つくれないことはありませんが、そんなの怖くてつくれませんよ」とにこやかに話したのを今でも覚えている。彼は、その数年後に再び同じ局で勤務することになったのだが、とても優秀だった。

研修はみっちり行われる

これらの基本的な知識を身につける場として、新規採用監督官の研修が実施される。先ほどは同期の話しかしていないが、実際には朝から夕方まで、様々な講師からみっちり研修を受けるのである。

具体的には、労働基準法のイロハはもとより、最低賃金法や家内労働法など労働基準法令の基礎知識、臨検監督の手法や申告処理などの手続き、未払い賃金立替払い制度に対する知識、死亡事故などの災害調査の実施、そして、司法事件を処理するための知識などの講義があり、さらにその演習などもしながら実践に備えていく。

また、安全衛生に関する知識としては、それぞれの業種ごとに相当な時間を使い、たとえば建設現場の知識として、移動式クレーンやよくパワーショベルなどと言われているバックホーなどの車両系機械の構造や特性、作業内容や事故事例、そして法令上の知識などを身につけることになっていた。プレスなどの機械については、実際にプレスが置いてある厚生労働省関連の職業訓練の大学校に行ってみるなど、実務的なものも行われた。

こうして二カ月半の研修を受け、後期研修が終了した時点で、監督官として所持していなければならない労働基準監督官証票を渡されて、一通りの中央研修が終了することになる。ただ、経験から言えば、実際には、あくまでも研修であって、現場に出てからのほうが、圧倒的に学ぶことが多かった。実際に臨検監督を体験したり、事故の調査をすることで知識を得たりしたわけで、そういう意味ではあくまでも研修は研修でしかなく、いかに実践に取り組んだかで、その監督官の技量が出るのである。司法事件も、実際にやらなければできっこない。

残念ながら、監督官は能力の差が大きい。私の周囲にも、その知識や能力の高さにとても及ばないという監督官は多くいた。前述したガサ入れ前に見つかった「地上げ屋」の後輩監督官も、その能力は高かった。あっという間に捜査書類を作成し、臨検監督もみっちり行うし、申告処理もテキパキと行っていた。送検した件数も相当数に上っていた。そういう彼も、突然手を挙げて本省に行ってしまい、全国の各労働局の課長としてまわっている。大体は、現場を知らない本省所属の監督官が多くまわっているだけに、現場の仕事ができる課長というのも、地方の職員にとっては少々厄介な気もする。

監督官の異動はＡＢＣ

役人である以上、監督官は同じ部署にずっといることはない。基本の異動の仕方を「ＡＢＣ」というように呼んでいた。これが完了していないものは、異動未了者として、人事等に影響が出ることになっている。

まず、採用されて三年間、同じ労働局内の監督署で勤務する。これが「Ａ」である。三年間すべて異動する人もいれば、一度も動かない人もいる。ただ、労働基準行政の職員は、監督官だけでなく事務官も含めて原則二年で異動する。様々な事情がある場合だけ三年いることもあるが、四年を超えることはまずない。私も、一九年の勤務で一一カ所をまわっている。そのうち二カ所は同じところを二度勤務しているが、三年目に突入した経験はなかった。

その目的は癒着を防ぐことなどと言われているが、実際のところは、人事計画上の問題のようである。会社の人が職員を訪ねてきたが、すでに別の署に異動していたというのはよく聞く話だが、一通り仕事のけりをつけるということでも効果的であり、個人持ちの（抱え込んだ）問題事案が明らかにされるという意味でも、頻繁な異動は必要なのかもしれない。「A」が終わるとその後、別の労働局に異動し、四年間勤務する。これが「B」である。ここでも、それぞれ異動しながら様々な業務を経験する。

そして、最終希望地である局に異動することとなるが、これが「C」になる。ただ、労働局の人員配置で、監督官があふれかえっている局や、逆に不足している局など様々であり、最終希望地がかなうとは限らない。

そのため、別のところで待機したり、異動せずに居付いたりする者も出てくる。居付く者は「ABB」となり、通常は異動未了者としての扱いを受ける。

私の場合、九州に帰りたいという希望があったものの、妻が東京圏に勤務していた関係でなかなか異動ができず、神奈川→埼玉→東京→神奈川という「ABCA」という勤務を行った。東京でも待機状態であったが、諦めて神奈川に居付くことになったあと、妻が単独で九州に異動となり、単身赴任で待機することになるという全く皮肉な結果であった。

人間関係を複雑にするもう一つの異動ルート

なお、こういう通常の監督官とは別に、本省ルートというものがある。

一局目の勤務の後、二局目に霞が関での勤務となるというものである。霞が関は、長時間労働の温床であり、通常は異動することを嫌われているが、現場に向いていないと思う者や、上昇志向の強い者、それに最終希望局に確実に入りたいと思う者は、二局目の異動を本省とする。

その後、最終希望局に行く「ＡＢＣ」勤務をする者もいるが、本省に籍を残し、地方労働局の課長と本省勤務を繰り返しながら、地方の部長から局長へと進んでいくルートもある。こういう方は偉い職席であるのだが、残念ながら本当の現場を新人時代の三年間しか経験していない。そこで身についた知識は当然、限られたものであり、にもかかわらず現場を知ったような顔をされるのは、現場一筋の監督官からすれば「何様だ！」という気持ちになる。

ただ、マクロ的な物の見方という点では、国の中心で勤務してきた監督官には到底かなわないものがある。政策的なことを考え、国の方針をつくりあげるのは、逆に彼らでないとできないのかもしれない。前述した現場を知り尽くした「地上げ屋」監督官が地方行脚の旅に出てしまったのは、それによってミクロもマクロも業務をこなすことのできる者になるわけである。

厚労省の「新人事制度」

これが私の勤務した時代の人事異動のルールであるが、平成二〇年から少し状況が変わっている。

もともと、地方の労働基準行政は、監督官のほか、厚生労働事務官と厚生労働技官が採用されていた。ざっくり言うと、事務官は労災補償業務、技官は安全衛生業務を担っていたが、人事配置計画として、地方の労働基準行政への事務官と技官の採用を中止し、今後一部の業務を除いて、労働基準行政はすべて監督官で担っていくというものであった。

厚生労働省は、これを「新人事制度」と呼び、監督官の配置を、新人時代から監督業務だけでなく労災や安全衛生業務につかせて、将来に備えさせるようにしてしまった。

これはある意味で、専門性を失ってしまいかねない事態ではあるが、結局のところ、本人の学ぶ意思がすべてである。

それはともかく、労災認定などは、形式的には最終的な決定権を労働基準監督署長に担わせている。

労働基準法においては、労働基準監督署長、地方労働局長、本省労働基準局長は労働基準監督官であるとしている。地方労働局長や本省局長は、政令監督官と呼ばれる、本省所属の事務官を転官させて監督官にしているのだが、労働基準監督署長は実際に現場の監督官を配置している。

これまで、労災業務の経験がないような署長に、労災認定の最終決定を行わせていた部分があった。実際に署長が決定すると言っても、実質的には事務官である労災課長や労災担当副署長の意見が、監督署での見解ということになっていた。将来的には、労災も経験した監督官でないと、署長にはなれないということになるのかもしれない。

労働基準監督官はたった三〇〇〇人で全国をカバー

ここ最近、労働基準監督官が年々増員されているという報道もある。しかし結局のところは、事務官と技官の欠員部分に監督官が補充されているだけであり、実質的に監督体制が充実しているわけでは決してない。ただ、電通問題をきっかけとして、大幅増員の話もちらほら出ている。監督業務の体制が整えば、多くの事業場に対する臨検監督が可能になり、大いに期待できる部分でもあるが、現実的にはそう甘くない。

というのも、監督官が身につけるべき知識はとてつもなく膨大であり、しかもそれは経験のなかで培うものでもある。そう考えると、急に増員したといっても、使いものになる監督官となるためにはそれ相応の時間がかかってしまうし、それらの教育を行う時間が増えることになれば、逆に当面の体制としては弱くなってしまうからである。ただ、これまで長く続いた公務員バッシングの時代から労働基準行政は減員の一途をたどっていた。これから補充すると言っても遅すぎる面は否めないのだが、それでも、増員するのは必要なことであろうと考える。

実際、労働基準監督官が四〇〇〇人弱と言っても、厚生労働省や労働局所属の監督官もおり、さらに監督署に勤務する者でも、労災担当だったり安全衛生担当だったり、さらに管理担当だったりする。つまり、三〇〇〇人にも満たない監督官で、全国の企業の労働条件を担うことになっているのが現状なのだ。

平成二六年の総務省が調べた経済センサスによれば、全国の事業所数は五九二万七〇〇〇件ということになっている。このなかには労働者のいない事業所も含まれているであろうが、単純計算で、監督官一人当たり約二〇〇〇もの事業所を見なければいけない勘定となる。毎日一件、休みなく監督を行っても二〇〇〇日かかる計算になるが、これを年間で監督を行うことができる日数が二〇〇日とすれば、一〇年かかってやっと一回りということになる。しかも、固定の事業所以外にも、建設現場などセンサスには含まれない事業場も数多く存在するのだから、事件とか申告といったことでもない限り、個別の事業場に訪問するのは偶然でしかないことになってしまう。

そういうことから、監督を行う場合には、いかに効率よくまわるかが大事になるのだが、監督官の権限の項目でお話ししたように、予告なく訪問することを原則としている。そのため、訪問しても担当が不在のために外れとなり、予告のうえでもう一度臨検監督を実施するというケースも少なくないであろう。

実際に、現在の私の顧問先の建設会社に、監督署から予告なく臨検監督のために監督官がやってきたことがある。たまたま、労務管理を担当する役員が不在であったため、仕方なくその場はいったん帰り、後日改めて臨検監督の約束を取り付け、会社を訪問してきた。その際には、私も監督に立ち会うこととなったが、結局、そこでの日数のロスが、積もり積もって大きなものになってしまうのである。

ちなみに、この臨検監督に私が立ち会い、「顧問の社会保険労務士です」と言って名刺を渡したところ、監督官の表情に、驚きとともに「厄介なところにきてしまった」という思いがにじみ出ていた。監督の手の内を知った者に見られるということは、自分の仕事ぶりもわかってしまうということであるから、仕事に自信のない者は困るのかもしれない。

監督署内の連携はいまひとつ

労働基準監督署の仕事は、大まかに分けて四つある。よく知られる監督業務のほか、クレーンやエレベーター、ボイラなど特定機械といわれる機械類の検査業務などを主な仕事としている安全衛生業務、労災事故が発生した場合の休業補償や障害補償などを主な仕事としている労災業務、そして署内の庶務業務である。

たとえば、労災事故が起きた場合、労災保険によりその補償業務を行うのが労災課、災害の検討と再発防止を指導するのが安全衛生課、そして違反を指摘したりその違反を検察庁に送致したりする仕事が監督課（もしくは方面という）である。

お互いに連動しているはずなのだが、これがいまひとつうまく機能してこなかったのが監督署でもある。その理由は明らかである。お互いの業務の担当官職が異なるからである。

監督業務は監督官、安全衛生業務は技官、労災補償業務は事務官ということで、はるか昔より分断されたような状態であった。

また、事務官も技官も、基本的には地元の労働局（昔は労働基準局）の採用。一方、監督官は本省である霞が関で採用するため、最終局に行くまでに他の色に染まっている部分もあるうえ、監督官しか署長になれないということもあってか、連携を取るという思想が不足していたところでもあった。

さらに、厚生労働省では「全国斉一行政」だと言いつつも、各地方局で独自ルールをつくっていることも多く、一つの局だけで業務を行ってきた事務官の場合、ローカルルールしか知らないケースが顕著となっている。今後、全国をまたにかけて異動してくる監督官が、各地方で労災業務につくことになるため、ローカルルールをなくさないといけないわけだが、なかなかそれは進んでいないようである。

たとえば、私が神奈川で労災の業務を行っていた際には、労災補償業務全般を行ったうえで、労働保険の適用徴収業務も当然のように労災課全体で行っていた。ところが、別の局では、労災補償業務を担当する者と適用徴収業務を担当する者が全く分断されていた。さらに、補償業務では、「休業班」「療養班」「障害班」「職疾班」など、その請求書の内容によって細かく縦割り化されており、他の班の業務については別の班は相談にすら応じてくれないという状況である。もっとも、相談に応じないというよりは、相談に応じる知識がないと言ったほうが正確かもしれない。他の班が行う業務のことはわからないという、あり得ない状況があるようだ。いつ、このルールが変わっていくのか見守っていきたい。

重大災害に法違反があったら確実に送検

ただ、ここ数年、過重労働により健康障害を発症させ、労災認定を受けるケースの場合、同時に監督部署の臨検監督が行われているという報道が増えている。この過重労働に関する対応については、私がまだ監督官だった頃からすでに行っていたことであるが、死亡事故ということになれば、そのことの重大性から、送検するようなことも多い。

電通における捜査はまさにそういうことであるし、他の地域でも、労災請求が出た時点で監督を実施し、そのまま送検したという事案も生じている。

死亡事故が起きたケースに法違反があれば送検することが多い。もちろん、死亡しなくても、法違反があれば送検することもできるのだが、現在の臨検監督で法違反を指摘する事業の割合は、おおよそ六割程度になっている。これを全部送検するとなると、その業務量は膨大なものになってしまうため、ある程度送検する基準を定めて絞り込む必要がある。

要するに、重大な災害を発生させて、そこに法令違反があれば、送検は避けられないということである。

「一メートルは一命取る」――ある監督署での経験

ある監督署での経験をお話ししてみたい。

「一メートルは一命取る」という標語が、安全衛生の世界にはある。一メートルという高さでも死亡事故につながるというもので、安全に対する意識付けを図るための標語である。そして私は、現実に「一メートルで一命取られてしまった事故」の事案に関わることがあった。

報告があったのは、事故から一週間以上経過した日で、ある社会保険労務士が、労災事故で休業四日以上を発生させた場合に提出する労働者死傷病報告を持参してきた。通常は、休業何カ月とか何日とか書かれているのだが、その書類には、「死亡」と記載されていたため、受け付けた者が、誰が調査に行った事案なのか、庁舎内で職員に確認した。しかし、誰もその事故の調査に行った者はおらず、事故後初めての報告であることがわかった。

社労士に事情を聴いても、ただ代理だからということで、詳しい状況は全く把握していなかった（それでも事務代理か？　という気もしたのだが……）。

その時私は、事務所で捜査中の賃金不払い事案の照会文書をつくっていたところだったが、誰も事故の調査に行ける者がいないということで、気持ちとしては仕方なく行くことにした。さすがに一人では無理で、写真や測量のための人手を付けてくれとお願いすると、ほぼ新人同然の二年生監督官が空いていたので、彼女に同行してもらうことになり、いつものように〝調査の七つ道具〟を車に積み込んで会社に向かった。

その日は、雲行きが怪しく、狭い路地の工場前に到着した時は、フロントガラスにポツリポツリと水滴が付き始めていた。

急いで調査道具を下ろし、同行してもらった監督官と一緒に事務所に上がった。事務所でソファーに座ると、稲光とともに土砂降りの雨。思わず、幽霊屋敷ではないかと思ってしまう雰囲気。そんなゴロゴロ雷が鳴るなかで、事故の状況について話を聞いた。

会社は金属部品の塗装加工を行っており、人数も一〇名未満の小規模なところだった。そんな会社で、作業員が一人亡くなったということであれば、さぞや大混乱しているのではないかと思いきや、まるで何事もなかったかのように、全員、普通に作業をしている。

事故当日に、亡くなった被災者と一緒に作業をしていた人から話を聞いたが、事故があったことすら、ずいぶんと前の出来事のような感じで話す。とても、わずか数日前に死亡事故が起きたとは思えない雰囲気に、私は違和感を覚えたものだった。

たった一メートルの転落でなぜ？――実況見分で事故を再現

その後、現場の状況把握のために、測量や写真撮影などを行う必要があったのだが、急に降りだした大粒の雨のなか実況見分を行うのは、正直苦痛でしかなかった。とりあえず、写真だけは撮ってしまいたいと考え、外に出ることにした。

事務室内から外階段に出ようとすると、雨が急に小ぶりになり、事故が起きたという道路前に着いた時には、完全にやんでしまった。普段は、霊とかそういうことには無頓着な私だったが、何か亡くなった方の意思を感じるような、非常に不思議な気持ちになってしまった。

実況見分を開始すると告げて、事故を再現させた。

事故そのものは、塗装を終えた約二〇〇キロの金属製のフレームのような製品を、フォークリフトで四トントラックの荷台に積み込んだ後、固定する位置をずらすために、荷台の上で数名がかりで荷を回転させながら前方にずらしていたところ、被災者が荷の回転とともに荷台の端から後ろ向きに墜落し、アスファルトの地面に頭を強打したというものだった。荷台から地面までの高さが、ちょうど一メートル。たった一メートルであった。

これまで、何十メートルから落下して死亡したとか、十数メートルの高さから落ちたのになんとか助かったなど、墜落事故を数多く調査してきたが、この高さの死亡事故は初めてだった。

なぜこの高さで死ななければいけなかったか、こんな事故は許せないという気持ちが、心の奥底から湧きあがってくる自分がわかった。雨がぴたりとやんだことで、そういう心理状態になってしまったのかもしれなかったが、とことん事故の原因と責任を追及してあげなければ……という思いを強くした。

違反を捜すのが仕事だ

実況見分が終わり、この先捜査を開始するので聴取に協力してもらいたい旨を伝え、工場を後にした。

帰りの車内で、二年生の監督官から話しかけられた。

監督官「やはり送検ですかね？」

私「まだわからないけど、違反があれば送るしかないでしょ。あんなに神がかっていたから」

監督官「雨がやんだの、すごかったですね。違反はありそうですか？」

私「それを捜すのが仕事だよ」

本来であれば、別の事件を持っている私が担当することはない。事件を持っていないこの二年生監督官がいるのだから、彼女に担当させるべきであったのだが、上司である主任監督官は、私を担当に指名してきた。

上司「原さん、悪いけど担当してもらっていいかな？」

私「何で私なんですか？」

上司「原さん司法得意だし、二年目はちょっと任せるには頼りなさすぎるし。原さんは、二年目の教育係はもううんざりだって、前に言っていたじゃん」

私「そうですが、今度事案があったら、必ず主任が手取り足取りで教えながら、二年生に事故案件の担当させてくださいよ！」

上司「わかったよ。だから今回はよろしく」

この案件、そういう神がかったことからも、自分もやる気になっていたところもあったので、嫌なそぶりを見せながらも引き受けることにした。

ヘルメット未着用だけでは法違反にはならない！

この事故は、簡単に言えば、作業者がヘルメットをかぶっていたならば、死亡事故までは防ぐことができた。しかし、荷台に乗って荷を動かしていた者は、一人としてヘルメットを着用していなかった。

労働安全衛生法から派生している労働安全衛生規則という省令があるのだが、このなかには、ヘルメット着用に関しては、最大積載量が五トン以上の貨物自動車の荷積みや荷降ろしの際にその義務を課している。ここのトラックは四トンというものであり、結果的には、ヘルメット未着用自体は法違反にはならなかった。

死亡事故という、被災者の無念を晴らすため、どうすれば送検できるのか、いろいろ考えてみた。

こうなると、いわゆる「困った時の作業計画」しかない。つまり、様々な機械を動かす際には、あらかじめ計画を立て、安全に作業が行えるようにしなければならないと規定されている条文がいくつも存在する。そこに当たってみるしかないと考えたのだ。

今回の事案では、フォークリフトを使用して、さらにトラックの荷台に積み込んでいたの

だから、共に「車両系荷役運搬機械」という扱いになる。そのなかで、労働安全衛生規則第一五一条の三においては、

「事業者は、車両系荷役運搬機械等を用いて作業（不整地運搬車又は貨物自動車を用いて行う道路上の走行の作業を除く。）を行うときは、あらかじめ、当該作業に係る場所の広さ及び地形、当該車両系荷役運搬機械等の種類及び能力、荷の種類及び形状等に適応する作業計画を定め、かつ、当該作業計画により作業を行わなければならない。」

と規定されている。この計画には、運行経路なども定めたものが必要となってくる。

よし、この条文だ。これに基づく計画さえつくれば、荷台の上で作業することがなかったかもしれないし、フォークリフトで直接積み込むことで、荷を回転させることもなかったであろうと思われた。

私は、これをベースに捜査を進めていく方針を固めた。

一人の生命が失われているのだ！

早速聴取を開始、当日一緒に作業した者、トラックの運転手、遺族、そして社長という流

れで聞いていくことにした。その結果、作業計画に関しては、誰に聞いても知らなかったし、法令も知らなかったようだった。

実は、当日ともに作業した者のなかに、被災者の息子が含まれていた。父親が後ろ向きに道路に転落し、意識がどんどん薄れていく様子を、その息子は目の前で見ていたということであった。父親が大好きで、父親と同じところで働きたいと勤務し始めて数年経ったところだったということを、遺族からの聴取ということで話を伺った被災者の妻から聞かされた。被災者の妻としては、非常に複雑な心境であったようだ。夫が亡くなった原因は会社の管理上の問題であるし、かといって現在も息子が会社に世話になっているというのだから。

社長は、事故の原因が無計画な作業であることを素直に認め、反省の言葉を口にした。「従業員が死亡してしまった以上、無計画に作業させていた責任は自分にある」と。

話は少しだけそれるが、送検する前に約二〇〇キロのフレームを特定させる必要があったのだが、すでに納品して現物の形ではなかったため、フレームを製作した会社の厚意により、全く同一の製品をつくってもらい、それで再現の実況見分を実施した。

重量に関しては、日頃指導などで何度も立ち入っていた大手の鉄鋼メーカーの現場に重量物のデジタル測定器があることを思い出し、連絡したところ、こちらも協力を得られたので、製品を持ち込んで測定をお願いしたことがあった。署内の協力はほとんどなかったのだが、外部からの多数の協力によって送致に至ったことは、今でも感謝しているところである。

検察庁に事件を持ち込んだところ、一カ月もたたないうちに略式起訴の連絡がきて、会社と社長が罰金刑ということになった。人一人の命が失われた以上、その結果としての責任は問われることになるということを、改めて感じさせる事件だった。

ただ、私の仕事は警察と違い、事件を送ったらそれで終わりではない。働く人が安心して安全に働く職場環境をつくることを目指す行政機関の監督署である。今回の事件送致後も、その後の是正を確認する必要があった。

実際に訪問したところ、立派な作業計画がつくられており、それに基づいてフォークリフトなどを動かしていた。被災者の息子も元気に働いていて、フォークリフトの運転資格を取得したということを聞き、少し安心したところであった。

会社を潰すことが仕事ではない

監督官の仕事は、労働基準法令が守られて、働く人が安心して安全に働く職場環境をつくれるようにすることである。職場における主役は、あくまでも「労働者」と「使用者」であって、監督官は部外者なのだ。

極論を言ってしまうと、労働者の目的は、なるべく高い対価を、短い労働時間で得ること。逆に使用者の目的としては、なるべく低い価格で長く働いてもらうこと。こういう観点から、労働者と使用者の向いているベクトルは真逆であり、対峙する関係でもある。働きがいとか様々な言い方があるが、それは正当な対価をもらってはじめて言えるようなことであり、使い捨てのような扱いのもとでは、そういった考え方は生まれない。

こういう対峙関係にある「労働者」と「使用者」が、企業という枠組みのなかで活動を進めながら利益を出していくために必要なものが労働関係法令であり、このルールに沿って働くことで同じ方向に進むことができるのだ。このルールが守られないと、労働者は疲弊し、トラブルとなり、辞めていったりけがをしたり、最悪の場合死亡したりする。

こういう働く場におけるルールが適正に守られているかどうかを確認し、守られなかった場合に守るように指導すること、結果的に取り返しのつかないことになった場合にルール違反として処罰を求める手続きを行うことが、監督署の仕事になるのである。

少し前に、あるエステサロンの社長が、労働条件のトラブルになった従業員に対し、「労働基準法を守ると、会社が潰れてしまうわよ！」と言ったことが、ネット上で公開され、各方面からバッシングを受けてしまった。監督署からは労基法違反について是正勧告書を交付されてしまい、結果的に、会社側はお詫びの文書をホームページ上で公表することになった。

労働基準法は、会社を潰すための法令ではない。あくまでも向いている方向が違う「労働者」とトラブルを生じさせることなく、会社を同じ方向に進めていくための法律でしかないのだ。それを理解できない経営者は、淘汰されてしまうのかもしれない。

労働関係法令には、会社の営業を停止させる権限など存在しない。主役はあくまでも「労働者」と「使用者」なのである。

労働基準監督官は緊急車両を使えない

監督官をしていると、避けて通れないのが災害調査である。

災害調査そのものは、発生した労働災害を分析し、原因を追求してその対策をはかることである。そうして、事業場に必要な改善措置を求めたり、場合によっては責任を追及したりする。

ただ、責任追及そのものは、災害調査の仕事ではなく、司法事件ということになるのであるが、その業務の域は混在してしまうことが多い。

通常、災害調査は消防や警察から連絡が入り、実施することが多い。警察や消防と連携がとれている監督署であれば、確実に連絡があるのだが、うまく連携がとられていない監督署も少なくない。そういった場合には、調査の時期がずれてしまうようなこともある。

また、建設現場で災害が起こった場合には、会社から直接連絡が入ることもある。建設現場の看板には、それぞれの緊急連絡先の電話番号が入った看板が設置されていることが多いのだが、そのなかに監督署も入っている。

しかし、警察や消防と大きく異なることがある。それは、調査実施の車両は、緊急自動車ではないということだ。いくら大事故が発生したといっても、車で行く限り、一般車両と全く同じなのだ。

本書でこれまでお話ししてきた事件の捜査などでは、実際に到着した時に、その現場に死亡や負傷した被災者がいたわけではない。まずは病院に運んで治療しようとするため、救急車が搬送していくからだ。

ところが、例外がある。

即死の場合には、救急車は搬送しない。明らかに死亡している者は置いていく。救急車は、治療を必要とする者を一刻も早く病院に連れていくために搬送するのだから、遺体となったものを運ぶことはないのである（もちろん、呼吸が停止しているだけで、治療を行ったら蘇生するかもしれないような場合は当然に搬送する）。だから、救急車が空のまま帰ってしまい、被災者が残されている場合というのは、決して息を吹き返すという状態ではないのである。

遺体が残された事故現場

監督官のなかには、そういう遺体に出くわす人もいれば、全く遭わない人もいる。私は、二度対面した経験がある。両方とも、捜査担当者にはならなかったため、深く関わることはなかったのだが、実際に目の前に遺体があると、かなりの衝撃を受けてしまう。

最初は監督官になって四年目。ちょうど賃金と工賃の不払い事件を捜査していた最中であった。警察からの通報で、一緒に実況見分をしようということになった。

警察というのは非常に強力な組織という印象を受けるが、実際に事件をとりまとめるのは一人のようである。そのうえ、労災事故の捜査を担当する部署が、殺人や強盗のような犯行を担当する係になるため、労災事故のような技術的な知識が必要な捜査は得意ではないようで、協力を求められることが多い。

東京局にいた時に、労災事故の災害調査の際には、「所轄」の警察署だけでなく、「本庁」からも捜査員がきていたことがあった。名刺交換した際には、「警視庁刑事部捜査第一課」という肩書があった。所轄の刑事は強行犯でも、本庁は特殊犯というような担当だったと記憶している。

話がそれてしまったが、馴染みの所轄の刑事からの電話で、現場に向かうことになった。通常、現場に向かう車内では、監督官も捜査や調査のとりまとめ担当を決めるようなことがあるのだが、自分は手持ち事案があったため、測量担当という比較的楽な立ち回りだった。

現場は、建設会社のコンクリートガラ等を再生する工場で、被災者はそこの出入口の警備員であると聞いていた。状況がよくわからないまま現場に到着すると、警察の立ち入り禁止のテープが貼られ、多数のパトカーが到着しているのが見えた。

テープをくぐり、中に立ち入ると、すぐに赤い毛布が地面に置かれているのが見えた。「ま、まさか」と思いつつ、毛布のところに近づくと、近くにいた見覚えのある刑事が話しかけてきた。担当することになったのが一四年上の主任監督官であったため、この主任が刑事に対応した。

主任「お疲れ様です。よろしくお願いします」

刑事「こちらこそよろしくお願いします」
主任「被災者ですか？」
刑事「そうです。ご覧になられますね」

そう言って、刑事はおもむろに赤い毛布をめくり上げた。そこには、藍色の作業着を着た人物がうつぶせになっており、作業着の上にくっきりと大きなタイヤの跡が縦にまっすぐついていた。恐る恐る頭のほうを見ると、パカリと頭が割れてしまっており、いろいろなものが出ていた。初めて見る光景だったが、思いのほか冷静でいることができた。

ほとんど人形のような感じで見てしまったのだが、ほんの少し前までは自分と同じように普通に人として動いていたはずなのにと思うと、こういう事故を防ぐのが監督官としての役目なのだと、使命感のような気持ちが湧いてきたのを覚えている。

事故の状況は、もはや何も言えなくなった、その人形になってしまった被災者が語っていた。出入口の警備の者が、場内でうつぶせで倒れ、一直線に大きなタイヤが身体を縦断し、頭が破壊されていたのだ。後ろ向きで入場してきたダンプに後ろ向きの被災者がそのまま轢かれてしまったのだということを、被災者は黙って語っていた。あとで確認したところ、出入口の警備だけを任されたはずの被災者が、場内の清掃作業も行うことが当たり前になっていて、その作業中に後ろ向きで入場してきたダンプに轢かれてしまったというのが事故の状況だったようである。

東京の有名な監察医が、テレビで「遺体が語ってくるんです」と言っていたことを思い出したのだが、この被災者も語っているんだなと思った。そうでも考えないことには、あまりに不条理な光景だった。

監督官は、警察官のように、日常的に遺体に接するようなこともないし、長く勤務していても一度も出くわすことのない者もいるだろう。しかし、労災事故での死亡者数が何名などと話しをするのだから、本来こういう形で接していないとおかしいと思うのだ。

ちなみに、平成二七年は労災での死亡者数が初めて一〇〇〇人を下回ることになったとニュースにも取り上げられていた。霞が関の人たちは、数字だけしか見ていないので、それで満足なのだろうけれども、それでも一日に三人近くの働く人が労災事故で死亡しているのだ。病院に運ばれているのか、遺体が残された状態なのかは別にして、監督官たちも、それぞれの事故に対して災害調査を実施していることになる。

監督官としての自分の転機

それまでの四年間の勤務では、こういう光景を見ないまま、死亡事故を語っていたのだから、自分の甘さというものを感じた。ここが、監督官としての分岐点であったのかもしれない。

一通り調査を終えたところで、警察が遺体を搬送する準備をしていた。おそらくこの後司法解剖をするのであろう。透明のファスナーの付いた大きな袋のようなものに、遺体を抱きかかえるように入れていた。身体から出てしまっている部分があったのだが、どうするのか見ていたところ、ちりとりのようなものを二つ持って、丁寧にすくって袋の中に入れていた。うーん、さすがにこれは耐えられない。交通取り締まりなど、あまり警察が好きではないのだが、この時ばかりは警察官の仕事を尊敬してしまった。

刑事に挨拶をし、今後の捜査協力を約束したうえで、現場を後にした。お昼を過ぎていたので、そのまま調査隊は、ファミリーレストランに立ち寄ることにした。同行していた同じ年の技官がいたのだが、さすがに気分が悪そうな感じで、さっぱり系のものを頼んでいた。私は、ここでひるんでは逆に後に残りそうだったので、ハンバーグを頼んだ。技官からは、

「えっ」という顔で見られたのだが。一四年上の主任監督官は、ステーキを頼んでいた……。

その後、私がこの事件に関わることはなかったのだが、主任監督官は調べを進めて、工場の責任者と会社を検察庁に送致した。両者とも罰金刑だったようだ。

この時から、安全関係で監督を実施した時には、洗いざらい問題点を指摘して、勧告書を交付するようになった。この時の被災者が自分にそうさせていたのかもしれないが、こういう事故が少なくとも自分の関わった現場で起きてはならないという思いがあった。

建設業の事故は、年間の死亡者数の約三分の一の件数を占めている。一日に一人亡くなっている計算になる。労働基準行政でも、建設現場の監督件数がかなりの割合を占めている。とはいえ、それでも実際に行われる建設現場の数から見ると、ほんの一部なのであろう。

しかしどうであれ、こういう死亡事故に直結するわけであるから、常に現場には緊張感を持たせないといけない。結局のところ、すべての会社の責任者が、自分の労働者を守るのだという使命感を持って現場の管理を行わせるようにしていかないと、監督官の行う監督だけで労働者の命を守れるわけではない。すべての会社に、そういう気持ちを浸透させることが、労働基準行政の使命なのだと思う。

第3章

労働基準監督官は一人親方

すべての案件を一人で処理する原則

監督官は、第一線で働く人数が三〇〇〇名程度と非常に少ない。それで全国の六〇〇〇万近い事業場を見ることなど不可能な話である。

そのため、いかに効率よく仕事を進めていくかが重要になるのだが、人数に限りがあることが原因なのか、研修期間を終了した監督官であれば、原則一人で仕事をすることになる。災害調査や強制捜査など、複数名で仕事を進めることもあるのだが、結果的にとりまとめたりする仕事は一人でやる。そのため、その仕事がどこまで進んでいるのかなどは、同じ監督署内にいる監督官でさえ知りえないのである。

もちろん上司は、定期的に業務の決裁を行うことになっている。監督を実施した場合には、監督復命書というものを作成し、上司が決裁を行うことになっている。しかし、その後の改善状況などは、本人でないとわからない。是正報告の状況を確認する必要がある場合には、あらかじめ監督復命書の決裁の際に、署長が判決を示すことになっている。

実は、これらのことは本来、外部の人は知ることができない内容であり、私も話すことはできないのかと思っていたのだが、そうでもないらしい。ネット上で確認したところ、労働者の労災支援などを行う団体が情報公開請求を行い、開示された文書を公開しているので、どうやら守秘義務違反に当たることはないようである。

私が長く勤務した労働局では、私が辞めた後に、二名の監督官が上司の決裁を受けないままの「申告処理」の書類が多数見つかったということで処分を受けている。二人とも一緒に仕事をしたことがある人物だが、処分を受ける行為を行っていただろうと思い当たる部分が多々あった。

こういうことも起きてしまうくらい、個人任せになってしまっている現状があるのだが、私としては「監督官」としてのプライドを持っていたので、自分の進め方で行いたいという、「一人親方」的な発想を持ちながら仕事をしていた。

ただ、このやり方が、すべてに通るわけではない。管理の手法だけでなく、複数名で処理を行うということがリスクを削減するうえでの大原則である。会社の経理担当者が、会社の金を長年横領していて、何かのきっかけで発覚し、逮捕されたなどの記事が時々掲載されるのだが、一人に仕事を任せてしまうリスク、それを管理していないリスクというものが、逮捕という形で表面化しただけのことであり、そうなってしまう恐れというのは、どの会社にも存在する。

そういう観点から、一人作業ということに対しての見直しを行う必要もあるのだが、監督官の場合、個人の能力差が大きく出てしまう部分もあるので、知識の平準化を図る意味でも、一人親方制度の見直しは必須だと思う。

臨検監督も原則一人で

ある署に勤務していた時、前任者からの引き継ぎ事案で、クレーンの玉掛け作業を無資格で行っていたことを勧告していた事業場があった。玉掛けとは、吊り上げる荷を、ワイヤーやスリングと呼ばれる厚い帯などを使って、クレーンのフックに掛ける作業のことである。

なぜ、この作業に資格が必要かというと、荷を吊った際に、バランスや吊り方、用具などを考えて荷を固定しないと、吊り上げた荷が落下したり、ワイヤーなどが切れたりして非常に危険なことになるので、あらかじめ座学や実技を行った者だけに作業を行わせることができるというものである。一般に、資格の必要な作業については、事故防止の観点が強い。

前任者の話では、会社は真面目に取り組みそうだとだけ聞かされていたのだが、指定した期日が到来した後でも、是正報告を全く行ってこなかったので、疑問に思っていた。署長からは、監督復命書の判決欄に、「再監督」を行うよう指示を受けていたため放置するわけにもいかず、実際に事業場に臨検監督を実施することにした。

　機械の部品をつくるいわゆる町工場で、従業員も一〇人程度の小さなところだった。工場に入って話を聞くと社長は不在で、玉掛け資格を取るなどの話は社長から受けたことはないらしく、どうやら違反が継続状態にあることが判明した。捜査に移行する可能性もあったので、その場で、作業風景の写真を撮らせてもらった。無資格で作業をしていたと認めさせるための現認書というものを用意していったが、作業員からは、社長の許可なく書類にサインできないということだった。

　社長の居場所を確認すると、近くにある別の工場の二階にいるという。言われた場所に行くと、工場の横に違法建築のように付け足された外階段があり、それを上り、屋上部分らしい場所に自宅のような建物があった。

　呼び鈴を押す。年配の夫婦らしい二人が出てきたので、確認したところ、社長とその奥さんということだった。

　現在の是正状況の確認をするために、社長に尋ねた。

私「以前、前任者が工場を訪問して、違反を勧告していましたが、その報告がなかったためお伺いしました。今、玉掛けの資格はどうなっていますか？」

社長「何のことだか全くわからないけど。勧告を受けたということもわからないが……」
社長は、やや焦りにも見える表情をしながら、こう言ってきた。仕方なく、あらかじめ交付しているはずの「是正勧告書」の控えを示した。
私「これ、お渡ししている是正勧告書の控えです。下の署名は社長さんの字ですよね？」
社長「確かに自分の字で代表印も押してあるが、全く記憶にない……」
私「それじゃ、この内容についてはどうですか？ 玉掛けの資格がないということで違反を指摘したのですが、資格を取らせに行かせましたか？」
社長「景気が悪いので、行かせていない……」
私「無資格作業は危険なので、いつ事故が起きてしまうかもわかりませんよ」
社長「そのうちに取りに行かせるから」
私「それは危ないです。是正期日もきていますし、すぐに取りに行かせてくださいよ」
社長「いつか取りに行かせるから……」
現時点でも是正が済んでいないうえに、いつ事故が起きるかもわからないような違反である。そのため私は、「最終是正督促」という文書を書いて社長に渡した。
私「これは、最終の督促状ということです。この期日までに必ず改善して下さい」

社長「気が向いて暇ができたら取りに行かせるかもしれない……」

社長は、少しいらだちながらサインした。

そこで私は、「これは最終です。期日までに改善しないなら、送検手続きを取ることになりますよ」と警告した。

すると、社長は突然手元にあった傘を持ち出し、うなりながら私に向けて傘を突き出してきた。玄関の後ろはすぐに階段となっており、私を突き落とすぞという素振りだった。

さすがに私も焦りは感じつつ、社長の突き出す傘をかわしながら、「殺す気ですか？　警察を呼びますよ！」と声を上げた。

社長は、完全に正気を失った様子で、傘を手放そうとはしない。社長の奥さんが懸命に間に入って、その場をとりなそうとした。奥さんは、「私が責任もって直させますので、今はお帰りください」と涙目で、社長の傘を奪いながら話してきた。社長は茫然とした状態のまま、家の中へ入っていってしまった。

奥さんは、しきりに頭を下げ、「ごめんなさい、ごめんなさい」と繰り返していた。私も少し焦ってしまったが、

「こんなことだと、情状も悪いので、確実に直すよう説得してください」

と冷静を装って話しかけた。奥さんは「ごめんなさい」を繰り返すだけだった。

階段を自らの足で下りて、現場を離れた後、背中にはべっとり汗をかいていることに気がついた。

数日後、会社から是正報告書が送られてきて、数名の「玉掛け技能講習」の受講申し込み書の写しが同封されていた。

受講日となった日の数日後、会社に電話すると、事務担当者から、私が再監督を実施した頃、社長が仕事を切られて自棄になっていたことを教えられた。違反の改善については、社長も重要だと考えている様子であることを伝えられ、少しホッとするところではあった。

違反を指摘し、期日までに改善がなければ送検するという前提ではあるものの、私の命を張った（?）苦労も、少しは実を結んだという気持ちだった。

全国でも、監督官が臨検時に負傷したり暴行を受けたりする事件が起きている。いきなり会社に乗り込み指摘を行うと、やはり安全にことを進めていくのが難しい事案も生じるのかもしれない。こういう点からも、複数名での監督指導の実施は必要ではなかろうか。

暴力団が絡んだような事業場であることがあらかじめわかっている場合、複数名で監督を実施することになるのだが、そういう組織であることなど事前にはわからないことのほうがほとんどである。危険なことがあれば、すぐに逃げて戻ってこいと言われてはいる。しかし実際に逃げ出せる状況にあればいいのだが、逃げられない状況ならばどうなるのだろう。

私自身、暴力的な企業であることがわかっている事業場には、二度ほど行ったことがある。その場合には三名体制で臨んで、危険な目に遭うことはなかった。ただ、申告処理で臨検監督を実施したところ、事務所内に家紋なのか暴力団の代紋なのかわからないマークが入った提灯がつりさげてあるところに行ったことがある。椅子を案内されて座ってしまうと、決して逃げ出せるような状況ではない。

事件の捜査であれば、被疑者に関してはあらかじめ前科照会を行い、ある程度素行部分が把握できるところもある。過去照会したところ、社長が強姦致傷や傷害罪などで複数回服役したところや、風営法違反で罰金刑をもらっていたところもあった。

しかし、監督指導の段階では、相手の様子は全くわからないのである。そういう怖さもあるなかで、それでも足を前に進ませていくのは、私自身は監督官としてのプライドだけであった。

高所恐怖症と戦う──監督官プライド

監督官は、研修が終わると、後は自分で学ぶしかない。勉強会などを開いている監督官たちもいるようだが、私は一度もそのようなことをしたことがない。どちらかと言えば、現場で学ぶしかないと思っていたので、数多くの現場をまわることが勉強なのだろうと考えていた。

監督官の仕事として重要なことの一つに、建設現場の監督がある。全国の年間の労災死亡事故の約三分の一が建設現場で発生しているので、働く人の安全を守ることを使命とする監督官にとって避けることができない。

私は、建設現場を見るのが大好きで、辞めてしまった今でも、通りがかりの現場をながめることがある。それを仕事に活かすことができて、現在は顧問先の建設会社を数社持つことができた。これは当然、署長経験者などが天下っているようなこととは違い、労務管理や安全衛生管理の知識を求められた結果、仕事の依頼がきたのであるが。

ただ、大好きな建設現場でも、大きな難点があった。それは、私が高所恐怖症であるということだ。

道路工事現場であれば、ほぼフラットなのだろうけれども、実際には土木工事でも法面《のりめん》などの高所もあるし、建築現場においては恐ろしい高さのところも存在する。それでも、監督官時代には「怖い」などと言うことはできず、人が作業をしている限り、作業箇所をこの目で見るという監督官プライドが、そこまで足を運ばせることになった。

工業地帯のなかで、ガスタービンの発電所を建築する現場があったのだが、そこでは高い排気塔が建築されており、周囲には足場が組まれていた。下から見上げても相当の高さを感じたのだが、実際に聞いてみると一〇〇メートルを超えているという。「上りますか？」と聞かれ、行かないというわけにもいかなかった。

足場には高さ二〇メートルほどのところから上るようになっていて、そこから昇降設備を伝いながら、上を目指して上っていった。上に行くほど風が吹いてくる。足場板も網目状の板であるため、下が丸見えの状態であった。足場板が網目状になっているのは、風荷重がかからないようにするためなのだが、高所恐怖症の者にとっては落ちたら死ぬよと教えてくれているようなものだった。今では枠組み足場のブレス（バツの字形の筋交い）の下に手すりを設けておかなければならないのだが、当時はブレスだけで手すりの役目を果たしていたので、隙間だらけだった。

今よりもまだ体力があったので、上ることはできたものの、冷や汗のようなものが湧き出ていた。現場の方からは、「結構しんどそうですが大丈夫ですか？」と聞かれるが、怖いので汗かいてますとも言えず、「さすがに疲れますね」と答えるのが精いっぱいだった。ある程度の高さになると、怖くなくなると言われているのだが、やはり怖いものは怖いのだ。

それでも上に上らせるプライドというものは、本当に厄介なものだった。

監督官は机上の知識だけでは務まらない

こうして身につけていった建設現場の知識は、失うことはない。現場に入るのもそこで見るのも大好きだった。そうして、数多くの違反を書くことで、その局内のゼネコン安全担当者には、名前が知られることになっていった。

監督署には、頻繁にゼネコンの担当者が挨拶にやってくる。署長や次長などに顔見せをしておくのだろうが、一介の監督官にすぎない私のところにも、スーパーゼネコンの支店安全部長などがよく挨拶にきていた。建設現場に法令違反のない現場はないというつもりで臨んでいたこともあり、私は、下請の分も含め常時三件以上の是正勧告書を交付していたからだろう。多くの現場で容赦なく是正勧告書や使用停止命令書を乱発していたので、是正報告を持参する際に同行していた安全担当者とは、すっかり顔馴染みになっていた。

ゼネコンによっては、これらの現場で受けた勧告書などが担当者のボーナスの査定対象にもなっているという話を聞いたことがある。現在の顧問先でも、安全パトロールの際に点数評価しているところもあるので、あながち間違いではないだろう。そのためなのか、現場の監督を行う際には、常時現場の職員がはりつき、問題を指摘される前にその場で改善しようとすることが多く見受けられた。

しかし、問題は、そのように小手先だけで改善できるようなものだけではないのである。現場で多数の指摘を行い、使用停止命令書を交付しようとすると、「今すぐ改善しますので、命令書だけは勘弁して下さい」とか、勧告書を渡そうとすると、「指導票にしてもらえませんか？」など、少しずつレベルを下げてほしいという要望を頻繁に聞くことになる。

残念ながら私は、そういう依頼はすべて拒否していた。

現場では、実際にそういうところで事故が起きているのである。計算上は、全国の建設現場のどこかで毎日一人の方が亡くなっているのである。スーパーゼネコンだからといって、安全な現場であるとは限らない。

先日、地元福岡の中心である博多駅前の通りで、道路が大きく陥没し、全国のニュースをにぎわせることがあった。けが人が一人も出なかったことや、早い復旧を称賛する声などでかき消されているが、原因は地下鉄工事現場の出水であり、一歩間違うと大惨事となるものだったことは忘れてはならない。

新幹線を上野から東京に通す工事を行っている際に、同じように陥没事故を起こした業者がいた。ここでは、地盤改良工事に偽装などの問題があったことが発覚し、東京労働基準局（当時）がゼネコン事務所に対し強制捜査を大々的に実施して送検した。

今回の現場でも、大手ゼネコンの工事の手法についての問題点が挙げられているが、こちらの場合には、福岡市交通局がこのゼネコンに工事を押しつけた印象も出ているためか、現時点では東京で起きたような捜査の話は聞いていない。

まともな捜査も送検もできない監督官

私は基本的に、事件の捜査は大好きだった。

最初に送検した時、上司から、「これで畳の上では死ねないね」と言われたことを鮮明に覚えているが、どちらかと言えば、送検できないなら畳の上で死ねない、と思ってしまう。

監督指導をするにしても、ダメだったら司法事件に着手しようと思って行うのと、司法事件にはしたくないのであまり踏み込んだ指導をするとまずいなと思うのとでは、その迫力は全然違ったものになる。何でも送検すればいいというわけでもないが、捜査に着手しても、核心に迫れない監督官を何名か見てきた。

某署に勤務していた時のこと。少し長くなる話で、多少専門的にもなるのだが、お付き合い願えたらと思う。

私には珍しく手持ちの捜査事案がなく、日々監督活動に追われていたところだった。ちょうどプライベートな事情から、自分自身のモチベーションが低い時期だったのだが、他の監督官以上の件数をこなしている自負心はあった。

そのような時期に、突如として事件を受け持つことになった。もともとその事件を担当していた監督官の捜査がなかなか進まず、署の幹部が、手持ち事案のない私に任せたほうがよいのではないかと協議し、突如そのまま事件を引き継ぐことになったのだ。

その事件とは……。

公共工事の土木工事現場で、レンタルしていたH鋼と呼ばれる鋼材を返却する際に、鋼材に付着した泥を落とそうと、バックホーという掘削用の建設機械で鋼材を吊り上げ、作業者が荷のそばで泥落とし作業を行っていた。その際に、バックホーの運転者が誤った方向に車両を動かしたことにより吊り荷が大きく動いて作業者に激突してしまい、吊り荷と後部に積んだ鋼材との間に挟まれて死亡したというものだった。

バックホーというのは、国土交通省の用語であり、労働安全衛生法上はドラグショベルと呼んでいる。一般にはパワーショベルなどと言われている。そのバックホーを使用して鋼材の吊り上げ作業を行ったのは、現場代理人であるA社の監督であり、吊り荷に付着した泥を取り除こうとした作業者は、A社の二次下請であるC社の所属ということだった。

これらのことから、元請・下請の作業が混在していたことがわかるので、私は、建設業にありがちな、偽装請負の作業ではないかと考えた。前任者の捜査は、私に渡された時点では、A社の監督と、A社とC社の間にいるB社の監督からだけ事情聴取を行っていた。事故から半年近くが経過しており、関係者の記憶も薄れがちになるうえ、処罰を受けるのではないかとか、罪悪感などといった気持も一緒に薄くなっていくので、なんとなく苦労するのではないかと思いつつ、事案の引き継ぎを受けることになった。何でこれだけしか捜査していないのという気持ちにもなったが、文句を言うのは自分の仕事ではないので黙っていた。

工事を安くあげるため？——責任追及の突破口

捜査は、事故の状況を把握することから始めた。現場に行っていない者が捜査するので、
＊人や機械がどのような配置だったのか？
＊機械はどんな種類だったのか？
＊それまでの工事がどのように行われてきたのか？
＊作業者の死因はどういうものなのか？
など、こういったことを確認していくなかで、どのようにして事故が発生したのか現場の写真を見ながら把握していくことにした。

下請との契約書関係も確認し、工事内容ごとに作業単価が定められていることが確認できたのだが、材料も機械も元請持ち、形のうえでは微妙な請負契約となっていた。

前任者の聴き取りによれば、元請であるA社の監督は、事故の時、「これまで運転したことがなかったけど初めてバックホーを運転した」ということになっていた。また、普段バックホーを運転することになっていた一次下請であるB社の職長は、前日からバックホーの場所を動かしていなかったという話をしていた。

まずはA社の監督に話を聞いてみようと思い、呼び出すことにした。聴取などの連絡を取る際には、A社の専務に連絡すればよいと聞いており、早速連絡してみたところ、「今頃連絡がきたか」という少し驚いたような声の印象を受けたが、A社の監督の聴取日時を調整してくれた。

聴取の日、A社の監督は、専務とともにやってきた。専務と挨拶をして、これから捜査を担当することになったのでよろしくお願いしたい旨伝え、監督の聴取を行うため、会議室に向かった。監督は、まだ三〇代半ばで、非常に素直な様子であったことから、もう一度工事の流れから聞いてみることにした。そこで確認したことは、次の通りだった。

工事は、河川への雨水排水用の大型ボックスカルバート（コンクリートの四角い枠）を敷設するものであり、もともとは小さな用水路があったところに、豪雨の際の氾濫防止用のコンクリートの箱を並べた水路をつくるというものだった。用水路として使われているところに二系統の流れをつくるということで、比較的大きめの塩化ビニル管をコンクリート箱の上に据え付け、二つの水路ができる工事だった。人が屈まずに歩けるほどのコンクリートの箱を並べるために、地面を大きく掘削し、基礎となるコンクリートを流し込み、その上に箱を据え付けていく作業を行っていったらしい。

箱を埋める部分の掘削のために、掘った脇の土砂が崩れ落ちてこないよう、シートパイルと呼ばれる長い鉄の板を隙間なく打ち込む。そこにできた鉄の壁に沿って掘削することで、土砂が崩壊せずに据え付ける場所ができるというものだった。その土が崩れないための壁をつくる業者は、B社と別のD社に請け負わせていた。

ところが、鉄の板を打ち込んでいる途中で、地面が想定以上に固いことがわかり、工法が変更となった。新しい工法としては、H鋼と呼ばれるH形の鋼材を等間隔に打ち込み、その間に木製の横矢板と呼ばれる板を入れ込んで壁をつくることになったのだが、引き続きその作業もD社が請け負うことになっていた。

D社では、鋼材を吊り上げるときにはクレーン車を入れて作業を行うことになっていたのだが、元請であるA社の監督は、毎日作業にきているB社の作業員、その下のC社の作業員で済ませてしまおうと考えてしまった。

その理由を聞くと、D社を呼ぶと別に料金が発生し、毎日きているB社やC社なら、日々支払う代金に含まれるため、安くあがるためだった。要は、B社もC社も、作業ごとに代金が発生するのではなく、事実上、一日一人いくらという工事代金で計算されているということだった。

これにより、B社、C社の作業員が、すべてA社に派遣される労働者という、労働者派遣という扱いになる。法的にはA社の従業員として扱って、A社の責任を追及できるという考えになるため、突破口が開けることになった。

安全上問題のある作業環境——前任者はいったい何を聴取していた?

以後も、A社の監督からは順調に話しを聞くことができ、数日にわたる聴取を終えた。

当該工事では、ずっとB社、C社の作業員を自分の会社の従業員のように使用し、自らもバックホーに乗って作業していたことを、こちらが聞こうとしなくても普通に話してくれたのである。

この話は、前任者から引き継いだ際の内容とは全く異なっていた。バックホーも、移動式クレーン仕様の車両なので、移動式クレーンとして使っていたというのが前任者への供述だったのだ。しかし、実際には移動式クレーンとして使うためのスイッチを切り替えずに作業を行っていたという供述を得ることができた。

移動式クレーン仕様のバックホーというのは、本来の土砂を掘削するというバックホーの機能に、別に安全装置をつけることによって、移動式クレーンと同じように、荷を吊り上げる作業を行うことができるものである。バケットと呼ばれるショベルを手前に折りたたむと、その付け根に、クレーンのフックが取り付けられており、スイッチを切り替えると、クレーンのようにゆっくり動かすというものだ。しかし、スイッチを切り替えなくても、このフックを使うことができるので、その場合には、バックホーで動かしているような速い速度で動くことになる。

運転席の操縦レバーの脇には、切り替えを行う安全装置が取り付けられていて、このスイッチを切り替えることで、移動式クレーンとしての扱いになる。その代わりに、

＊速度が超低速になる
＊バケット（掘削するためのシャベル）が固定される
＊回転灯が回る
＊吊り上げ荷重の制限を超えると停止する
＊アームを上げすぎると警告音が鳴り停止する

と、クレーンモードのままでは掘削作業は行えないような状況になるのだ。安全係数を上げるために必要な装置なのだが、作業効率が悪いということで、それを使わずに吊り上げ作業を行う業者が多々あるのも現実である。そういう意味では、何のためにこの機械を導入して

いるのかわからないことになるのだが。

移動式クレーン仕様でない場合、この吊り上げ作業は「用途外使用」という、本来作業場所が狭くクレーンを入れられない場合など限られたときにしかできないものであり、吊り上げる荷重も、バケットの容量分の一・八倍に相当する重量分しかできなくなる。

事故を起こしたバックホーのバケット容量は、重量換算で〇・七トンだった。したがって本来は一・二六トンまでしか吊り上げられないのだが、実際には、もっと多くの重量を吊っていた。これを移動式クレーン仕様にすると、二一・九トンまで吊り上げることが可能になる。ただ、その場合はクレーンモードを使わないといけないはずだった。事故の起きた時には、実際吊っていた鋼材が一・二トンということでギリギリの重量ではあったのだが、アームを伸ばしたりすると、当然作業半径が広がるために吊れる重量は小さくなっていくのだ。シーソーを考えてもらえればわかるかもしれない。

安全上問題のある環境で作業を続けていたため、当然のように事故が発生したというわけだった。

A社の監督は、このような滅茶苦茶な安全管理体制で、何の計画も立てることなく作業を行っていたことを認めたうえ、その監督自身がバックホーに乗って吊り上げ作業を行っているところを、上司である土木部の部長に見られていたとの供述を行っていた。建設会社では、各現場を会社幹部が巡回パトロールするのは当然のことで、常時作業をしていたのなら見つかっているのではないのかと思ったのだが、見事に、現場の監督が運転しているところを、それもクレーンモードを使っていない状況で吊り上げているところを、上司の部長が見ていたということだった。

土木部長からは何の指示もなかったということだったので、今後も当然、このような作業を行うであろうことは容易に想像できる。したがって、事故の時には見ていなくても、その作業が行われるであろうという「未必の故意」なるものが生じ、部長が措置義務者として立件対象となる可能性が急浮上することになった。

事故の直接原因は単純ミス

事故の直接原因となったのは、単純な操作ミスからだった。

バックホーというものは、上部の旋回体、つまり操縦する場所やアームやバケットのある部分が三六〇度旋回するようになっており、下のクローラー（無限軌道）の前後の動きは、一八〇度上部の向きが変わると、レバーを後ろに動かしたつもりでも前に進んでしまうことになる。そのため、クローラーの前後の位置を確認して乗り込まないと、レバーを動かしてもどちらに進むのかわからないということになるのだ。

ちなみに、前後を見分ける方法なのだが、スプロケットと呼ばれる駆動軸の歯車が、クローラーのどちらにあるか、それを確認すれば簡単なのだと、メーカーの担当者から教えてもらった。外から見ると、歯車が見えるほうが駆動軸であり、後ろ側ということになる。

A社の監督は、このようなことも知らずにバックホーで作業を行っていたのだった。実際にレバーを少しだけ動かしてみて、前向きなのか後ろ向きなのか判断していたという。そのため、事故の時、後ろ向きに停車していた状態であったのに、後ろに下がろうとレバーを操作してしまったため、結果的には前に進んでしまい、吊っていた荷が前に振れて、作業者が荷の鋼材に挟まってしまったというものだった。

A社の監督は、自分の操作が原因で目の前で作業者が生命を失うところを見ていたため、しばらくの間は生きた心地がせず、寝ることもできなかったと話していた。事故当時の状況を聞いていると、追い詰められていたような様子がうかがえた。

供述では、誰もが責任回避をしたくなる

監督の聴取を終え、今度は、問題となっているA社の部長を、金曜日の朝から呼び出すことにした。前任者によれば、会社はずいぶん前に腹をくくっていたという話を聞いていたので、この先も観念したような感じで捜査が進むものだとばかり考えていたのだが、これも前任者の話とはかなりの食い違いがあった。

とりあえず事故前のパトロールの様子から話を聞いた。

私「事故の起きる前に、会社のパトロールは実施していましたか？」

部長「はい、毎月一回実施することになっていましたし、私は別枠で見に行ってました」

私「事故現場で、監督が作業をしているところを見たことがありましたか？」

部長「はい、私が見た時、たまたま監督がバックホーに乗って作業をしているところを見ました」

私「何か注意はしたのですか？」

部長「いいえ、人員の配置でやむを得ず行っていたものだと考えたので、強く注意をすることはありませんでした」

私「強く言わなかったということは、何か別に注意することがあったのですか？」
部長「工程の話などはしたと思います」
私「作業していたことを注意したことはあったのですか？」
部長「いいえ、資格は持っていることは知っていたので、特に……」
話の辻褄は合うのだが、どちらかと言えば、微妙に責任回避の供述を行おうとしていることがうかがえた。
私は次に、荷の吊り上げ作業について聞いてみた。
私「この現場では、荷の吊り上げ作業はどうしていたのですか？」
部長「クレーン仕様のバックホーを使って作業していました」
私「その時運転していたのは、A社の監督ですか？」
部長「いいえ、下請の作業員が作業しているのを何度も見ました」
私「監督を見た時のパトロールの報告書には、作業内容がH鋼打ち込みとなっていますが？」
部長「……」
私「掘削作業ではなく、H鋼を打ち込む作業は、荷の吊り上げ作業でしょ？」

部長「もちろん吊り上げになるはずですが、あまり覚えていません」
私「たまたま監督が運転作業しているのを見たことははっきり覚えているけど、吊っているところの記憶はないの？」
部長「……」

そういう問答を繰り返しながら、結局部長は、監督がバックホーで荷の吊り上げ作業をしている姿を見たことを認めた。さらに、最初のうちは、クレーンモードを使用してバックホーを動かしていたはずということを言っていたが、結局時間のかかるクレーンモードを使わずに、バックホーによる荷の吊り上げという用途外使用を行っていたのを見たと、認めることになった。

ここに至るまでに、午前中まるまるかかってしまい、午後も引き続き聴取することで、一旦、お昼休憩にした。部長の態度から見えたのは、決して引導を渡してほしいというような感じではなく、懸命に自己弁護を図ろうとする姿勢だけであった。時間の経過で、自己弁護に走るようになってしまったのかもしれない。

厄介だなと思いつつ、午後も引き続き、取り調べを続けた。

移動式クレーンやバックホーなどの重機を使用させる場合、あらかじめ地形・地質の状態に応じた作業計画を立てる必要がある。そこで、これまで何かしら指導を行っていたのかを確認したところ、土木の現場では、現場が常に動くため困難であるという供述をした。実際には、日々計画を立てることになるだけの話ではあるのだが。

結局のところ、法は知っていたが、作業計画を策定するようにという各現場への指示を怠っていたとの供述を行ったため、多少安心することができた。つまり、A社の部長は措置義務があることをわかっていたが、それを怠って指示しなかったため作業計画が策定されなかったということを認めたことになる。このことは、事前に聴取していたA社の監督の供述と一致していた。時刻はすでに夕方6時過ぎになっていたため、週明けの月曜日に、録取した内容を読み聞かせるので、もう一度きてもらいたいと話をして、部長には帰ってもらった。

事故からのあまりの時間の経過が、責任の所在をあいまいにしてしまったところは否めない状態だったが、部長も一通り、自分の責任の範囲のことをしていなかったことを認めたので、最終段階にきたと感じていた。来週は、いよいよ社長を呼び出すかなと思っていた。月曜日には予想外の出来事が起きるとも知らずに……。

それが上に立つ者の言葉か！

月曜日の夕方、A社の部長が来署したので、金曜日に聴取した内容の調書を、予定通り読み聞かせした。自分の出生から学歴、職歴、前科など身上にかかる調書と、会社や部の体制にかかる調書を読み聞かせたところ、一部文字の間違いを修正したほかは異議がなく、調書の末尾に署名押印してもらった。

その後、事故に至るまでの経緯と、事故の状況にかかる調書を読み聞かせたところ、部長から予想外の異議申し立てがなされた。

部長「少し話した内容とニュアンスが違います」

私「どう違うんですか？　言われた内容を書いていたつもりですが」

部長「私は、現場に対して、日々の作業日報に記載された図面に、鉛筆書きする方法で重機の配置など記載するよう指示をしていました。現に、そのように作業指示書に記載されていました」

私「これまでのお話とかなり違いますね。今初めて聞きましたが……」

部長「お伝えするのを忘れていました」

私「この現場では、そんな記載はされていませんが?」

部長「常日頃、そう記載するように話していましたので、現場が怠ったのでしょう」

金曜日の供述では、どちらかと言えば、「作業計画なんてつくっていられるか」という言い方だった。土日の間に、自分なりに調べたようで、このままだとまずいと感じたのか、現場の責任という形で、自己弁護に入ってしまったのだ。

私「作業計画などつくれないと言っていませんでしたか?」

部長「そう伝わってしまったのなら申し訳ありません。法を守らなくていいなど、決して言いませんから」

私「A社の監督が、今まで作業計画をつくるよう指示を受けていたことがないと言っていましたけど。これは間違いですか?」

部長「いろいろな場で指示をしていましたよ。監督はよく聞いていなかったのでしょうか」

この言葉に、私は怒りを覚えた。完全に部下に責任を押し付けた供述となっており、上に立つ者の言葉ではない。こんな話を調書化しても全く意味がないため、読み聞かせは中断するしかなかった。

姑息な責任逃れを追及

この時、それまでこわばっていたA社の部長の口元に、少し、笑みのようなものが浮かんでいた。それを見た私には、「まあ、そこまで言うならとことんやってやるよ」という気持ちが湧き上がり、すでに五時を回っていたのだが、部長に以下のように伝えた。

私「部長の言葉の確認をしないといけないので、これから、会社に過去の書類を見に行きましょう」

部長「えっ、今からですか？」

私「はい、今からです」

A社の部長は、少し戸惑ったような表情を見せたが、「わかりました」と言ったので、すぐに彼を官用車の助手席に乗せて、車で一〇分ほどのところにあるA社の建屋に向かった。車の中で部長は、ずっと黙って引きつったような表情をしていた。私は心の中では、「見てろよ、なめるなよ！」とつぶやきながら、冷静になるよう努めた。部長の言葉は本当であるはずがないと確信しており、とことん追い詰めて観念させなければ、これからも責任逃れを繰り返すと思いながら、A社の事務所に入った。

夕方五時半になっていたが、事務所では、打ち合わせをしていたり、ひたすら机に向かって何か書いていたりする人がいた。私が部長と一緒に入ってきたことにびっくりしていたのは、事務所内にいたA社の専務だった。それまで奥に座って部下に指示をしているような様子だったのだが、私の顔を見るなり、慌てて近づいてきた。出頭日時の連絡など、監督署の窓口対応をこの専務がしていたので、部長が今の時間、監督署で私から調書の読み聞かせをしていることを知っていた。

専務「どうされたんですか？」

私「部長さんから見せてもらいたい書類がありましたので、参りました」

専務「そうですか……。部長、書類をきちんと渡しなさい」

部長「わかりました……」

専務と向かい合って応接セットに座り待っていると、事務所の一番奥にある書庫らしきところに入り、しばらく時間が経過したのちにその部長が、一冊だけ大規模現場の「道路工事」と書かれたファイルを持参して出てきた。そのファイルから、現場の見取図と重機配置が日々カラーで印刷されていたものを見せた。一件しかなかったため、その他の小さな工事も見せてほしいと告げたが、どうも要領を得ない。

そこで、専務と一緒に書庫に入り、資料の入っているというロッカーを開けてもらい、ファイルを取り出し確認したところ、作業日報や作業指示書といった類の書類が全くなかった。部長が極端にぎこちない様子でロッカーから出し入れしているため、専務が、「案内している場所が違うのでは?」と尋ねた。すると部長は、「最近のものは、書類を参考にするため現場に持ち出している」と説明した。

私が、「少し前の書類はどこにあるのか」と聞くと、地下二階の倉庫であるという。そこで、三人で地下二階の倉庫に向かった。

ウソの上塗りは絶対にバレる

倉庫では、数年前に保存期限が終了している工事のファイルが多く残されていたが、作業指示書などの日々の記録を残した書面はほとんど見当たらなかった。

部長は、大量に発汗しながら、大規模の現場のファイルを探していたが、小規模の現場の作業指示書のファイルが一冊確認できた。日々の作業指示書に現場見取図が記載されているものの、重機の配置を鉛筆書きした書類は一つもなかった。

私「記載が一切ありませんね。どうしてですか?」

部長「そ、それは……、現場ではホワイトボードに配置図を描いていますので。記録の形では残らないんですよ。」

このとき、専務は終始黙っていた。事務所に戻り、一件だけある大規模現場の重機配置のファイルを見ながら、私は尋ねた。

私「なぜ、これだけ取り扱いが違うんですか?」

部長「それは……」

私「国土交通省発注の分割工事だからですか?」

部長「……」

私「ホワイトボードに書いているんですか?」

部長「はい、各現場ではホワイトボードで説明しています」

私「それじゃ、各現場にホワイトボードが置かれているんですね?」

部長「……、あ、いいえ、ホワイトボードではなく、現場図面の上に、薄いビニールをかぶせて、その上にマジックで配置を記載しています。ビニールは、毎日交換しています」

私「うーん、また話が変わりましたね」

それから私は、書面を見ながら五分ほど黙っていた。その間、部長は落ち着かない様子で、指を少し震わせていた。しかし、何の説明もなかった。

私「それじゃ、また連絡します。連絡先は専務さんでいいですね」

専務「はい、結構です」

私「専務さん、かなりまずいですよ」

専務「そのようですね……、よく確認しておきます」

私「今日のところは引き揚げます」

そう言って、事務所を後にした。気持ちの中ではこれで終わったという思いがあった。

鉄は熱いうちに打て

翌朝、専務から電話連絡があり、これから社長と伺いたいということだった。専務と社長、それに部長がやってきたので、会議室に案内した。

私「昨日は遅くまでありがとうございました」

社長「原さんにご迷惑をおかけして申し訳ございませんでした。昨日、専務から事情を聞き、部長からどういうことなのか話を聞きました。そうしたところ、原さんにウソをついてしまったのだが、引っ込みがつかなくなってしまったということでした。大変申し訳ありませんでした」

私「やっぱりそうだったんですね。黙っていてもいいけど、ウソは言わないようにと伝えたはずなのですが。……人一人の生命が失われたことを、お忘れになっていたんでしょうかね」

社長「話を聞くと、最初もう仕方ないと思っていたようだったのですが、そのうち前の担当の方（監督官）がほとんど言ったとおりに聞いてくれたうえ、何も連絡がなくなったので、少し責任がなくなったような気持ちになっていました。恥ずかしながら、人の生命を奪ってしまったことを忘れてしまっていたのかもしれません」

私「こちらもすぐに処理を進めずに申し訳ありませんでした。覚悟を決められた時にすぐにお話を聞いておけば、こんなウソを言わずに済んだのかもしれませんから」

それから改めて部長から話を聞き、社長から事情聴取を行ったうえで取りまとめ、法人であるA社と、A社の部長と監督を、一件書類とともに、事件を検察庁の某支部に送致した。その後、A社と部長が略式起訴され、罰金刑が確定した。

労働基準行政では、「鉄は熱いうちに打て」という言葉がある。一般に言われている言葉と同じ意味なのだが、事故が起きたら、相手が反省しているうちに処理を済ませてしまえという意味を持っている。しかし、このケースのように、捜査ができずに時期を逸してしまった事件というのも、実はかなり多くあるのかもしれない。

監督官と会社って、裏でつながっていませんか？

個人的な見解としてあえて言わせていただくと、監督官には、二種類の者がいると思う。A監、B監ということではなく、公務員の仕事の一つとして監督官をしている者と、監督官というプライドで仕事をしている者ということだ。前者が三分の一、後者が三分の一、残りはどちらにも転がってしまう者という感じである。

捜査ができない監督官、監督で指摘できない監督官、申告処理ができない監督官——何をしているのか他の監督官が知りえない「一人親方制度」をとる以上、こういう監督官が生じてしまっても、どうすることもできない。

この原稿を書いている最中に、ホームページを見たという人から労働相談の電話がかかってきた。公務員の仕事の一つとして監督官の仕事をしている者が処理したのではないかと思えるような話だったので、少し触れさせていただきたい。

もともと私は、こういう電話相談は受け付けていない。特定社会保険労務士ではないので、紛争に介入することもできないし、紛争介入なら弁護士でもいいわけである。紛争になる前の、会社をいかに改善していくかというところが、こちらができる一番のことだからだ。そこで、この相談については、どこに行ったらいいのかという交通整理をしてあげる意味で、話を聞いたものである。

電話をかけてきた人は、関東のとある県の塗装工場で働いていたようで、作業環境が劣悪で改善を社長に繰り返し求めていたところ、体調不良を起こしてしまったという。ベンゼン系の有機溶剤を使用しており、直近の作業環境測定の結果が「管理区分三」になったということで、すぐにでも改善を要する会社だった。それ以外にも、無資格でのフォークリフトの運転業務を行わせたりしていたらしい。

労災の話を社長にしたところ、「そんなの認められるはずがない」と言われたうえ、即日クビを言い渡されたため、監督署に申告に行ったとのこと。監督署で、解雇に関する申告処理を行ったところ、会社では請負ということになっているため、解雇の判断ができないと言われ、申告処理が打ち切られたうえ、斡旋でも会社側がテーブルに乗ってくることはないだろうから、弁護士に相談してみるように言われたという。

それで私は、ある程度まで処理方法を説明しながら、それでも斡旋の申し立てを行うことの意味と、監督署へ告訴を行うことなど刑事手続きに関する部分も含めて、その手法をお教えした。

するとと最後に、その人から、

「監督署と会社って、裏でつながっていませんか？」

と言われたのである。

この時はきっぱり「ノー」と伝えたが、情けない気持ちで一杯だった。

確かに申告処理は、お互いの言い分が食い違えば、それについては対応できないということになっているのであるが、書類の裏付けなどで補える部分は、当然食い違う点には含まれないのである。労働者かそうでないかなど、相手の言い分以外に様々確認できる書類などもあるだろうに、そういったことは一切確認されなかったらしい。

そういえば私の現職時代にも、申告処理はいかに打ち切るかだということを自慢していた者もいた。処理件数が増えてきて、そういう気持ちになってしまうのも理解できなくはないが、そこに監督官としてのプライドは存在しない。

私のようにすでに辞めてしまった者には、監督官としての職務は行うことができない。その分だけ、現在活動する監督官には、プライドを持って仕事に臨んでもらい、「監督署と会社って、裏でつながっていませんか？」などと言われることがないようにして欲しいものである。

第4章 監督官がやってきた！

監督計画

人数の少ない監督官。これまで繰り返し述べたように、いかに効率よく仕事を進めるかということがカギになる。そのため、厚生労働省は監督計画を策定するよう指示をしている。監督の実施は、決して適当に行っているのではない。一定の方針に基づいた監督指導業務計画に基づいているのである。

実はこの辺りのことも、本来は外部には知らせていない内容なのだが、再監督の判決などと同様に、これらの指示する部内限りの通達が、情報開示請求によりそのかなりの部分を公開され、開示された文書がインターネット上で掲示されているのである。

毎年、一月になると、厚生労働省の労働関係部局では次年度の行政運営方針を策定することが業務の中心となってくる。計画を立てるという仕事に追われているのである。そして、全国の労働局長会議でその内容を示すと、今度は各労働局がその方針に従った各労働局の行政運営方針を定める。三月末まで、運営方針策定に加え、その方針に従った監督指導業務留意通達の策定、そして各監督署から上がってくる計画の承認や手直し指示などに追われることになる。つまり、労働局の一年の四分の一が、仕事の計画を立てる仕事に振り向けられるわけである。

そして、監督署。こちらは三月からの一カ月間になるが、監督計画を策定する仕事に追われるのである。

私は高校時代に学習の計画を立てることだけに重きを置き、肝心の勉強をおろそかにして大学受験の失敗を招いたのだが、この計画策定業務に、なんとなく同じようなイメージを持ってしまうのはおかしいだろうか。

ただ、ここ数年については、計画の策定方針が大きく変わっている。

もともと、労働行政をどう進めていくかということについて、政府（永田町）は強い関心など抱いてはいなかった。そのため、従来は、この運営方針というものは役所（霞が関）による意思だった。ところが、アベノミクスを中心とする日本再興戦略などの方針で、これまでの運営方針を一変させることとなったのである。女性のさらなる活躍促進や働き方改革、民間人材ビジネスの活用や一億総活躍社会など、今まで示されてこなかった労働分野における方針が、この行政運営方針に大きく影響を与えることとなったのである。

その結果、これにより変革した地方労働行政運営方針が、監督指導業務計画の内容にも影響を与えている。現在は、厚生労働大臣を本部長とする長時間労働削減推進本部の方向に基づき、そこで示された方針に従い、年度途中であっても、計画もそれに合わせて変更されることになる。

たとえば、これまではどういう事業場を対象として監督指導を実施するのかということは、一切明らかにされてこなかった。ところが、推進本部の示した方向に基づき、平成二七年一月から、「月間一〇〇時間を超える残業が疑われるすべての事業場」を対象とする監督を実施するように指示が出された。従来は監督署がつかんだ情報をもとに、優先順位を定めて監督指導を実施するという手法であったが、今後は、一〇〇時間超えの情報などがあれば、全数監督を実施するという方針が示されたのである。そして、二八年度からは、さらに「八〇時間超の疑いのある事業場」に対象が拡大された。

二八年の年末に出された緊急対策では、電通問題を受けての方針として、労働時間管理の新たなガイドラインの策定や、本社に対する監督指導、そして監督結果に重大な問題のある企業を公表する制度を拡大した。これは、電通問題を受けて国会で集中審議が行われた際に、これらの問題点を解消すると答弁した結果生じた内容であり、どちらかと言えば国会の意思のようなものである。今後、集中審議のなかで出されたこととして、送検企業名の労働局内での積極的公表なども指示されることになるであろう。

なお、この集中審議において答弁にウソがあったのだが、報道機関は把握できなかったようだ。それは、今回の過労死防止の緊急対策のなかに示されているが、長時間労働の問題企業に対して、各支店などの事業場も連携して監督指導をしているような答弁を、労働基準局長が行っていた点である。

しかし監督署の指導は、基本的に事業場単位。本社を指導して各支店を監督するという手法は確かに東京にいた頃には行われていたのだが、都道府県をまたいだ監督指導など行われていなかった。あくまで事業場単位であり、これを超えて公表対象とする企業が発生するはずはなかったのである。

ともかく今後は、企業単位というイメージで監督指導も実施されることが予想されるため、ますます監督官の手が足りないという状況に陥ってしまうのかもしれない。

個人ごとのノルマである監督指導業務実施計画

よく監督官にノルマはあるのかと聞かれる。答えは「イエス」である。

ただ、私が辞めるまでは、このノルマはゆるいものであった。未達成であっても、評価とは関係なかったからだ。ノルマ達成は、ある意味監督官としてのプライドの面が大きかった。

しかしその後、平成一九年に、国家公務員に関して人事評定制度が定められた。これは、公共サービスを基本とする国家公務員にも、その業務の目標を設定し、それを達成させることで評価を行うというものだが、目標の設定に関しては果たして「人事の公平性」があるのか疑問だった。

ともかく監督計画の達成に関しては、この人事評価制度の目標設定に馴染みやすいものであるため、目標そのものを、ノルマの達成として設定してしまうと、それにより評価が決まる。その評価が給与に反映されるようになったのが、私の退職後の賞与からであったため、私は基本的に影響を受けることはなかった。しかし現在では、ノルマ未達成は給与に影響することになっているのであろう。

前述のとおり、監督署ごとに一年間の監督指導業務実施計画が策定されるのだが、これは対象とする企業のリストと併せて、労働局に提出され承認を得ないといけない。どういうことかというと、その年度に行う監督計画の事業場リストの大半は、前年度の三月までにできあがっているということなのである。もし、現時点であなたの会社に監督署が臨検監督にきているとすれば、それは前の年度の三月には決まっていたということにほかならない。

臨検監督先は、ある程度までわかる

　では、どういうところを対象とするのか。このリストは公にされることはないし、情報公開でも出てくることはないであろう。それではくるのかこないのか、わからないではないかということになるのだが、「監督指導業務の運営に当たって留意すべき事項について」という通達を、毎年情報開示請求すれば、どういう事業場を対象として監督計画を策定するのかはわかってしまうのである。実際に、社労士事務所に対するコンサルタントを行う某事務所などは、ここ最近毎年これを入手して、会員に開示していることが、そのホームページから見てとれる。

　もし一般の企業が毎回そういう形で入手するのは面倒だというのであれば、前述の行政運営方針を見ればわかることになる。この運営方針は、各労働局がそれぞれ公表しているので、その局の特徴を踏まえたものとなっている。そのなかで、労働基準行政に関して、どういう順番で項目が並べられているのかを確認すれば、優先順位がわかり、重点的に業務量が割かれているということが理解できるのである。ちなみに、ここ数年、重点となる項目のトップは「過重労働対策」となっており、永田町からの強い影響をうかがい知ることができる。

ノルマの話に戻ると、こういう形で前年度につくられた監督署の年間計画をもとに、各月ごとに各監督官に計画が割り振られ、事業場のリストが渡される。各監督官は、そのリストをすべて達成できるかどうかで評価され、給与に反映されるようになったので、従前よりは監督計画も達成できているのかもしれない。

ノルマ達成のためだけの監督――チョロ監

勤務評定の基になるとなれば、おそらく何人もの監督官が「違反率」というものを重視して目標を設定することになる。監督を実施したというノルマ達成を「実施率」と呼んでいるが、実施率を上げることしか考えていないと、臨検監督も行くだけになる。そこで違反を書いて帰ってこなければ違反率が下がる。機械的にノルマをこなせばいいというわけでは、さすがにない。

そのため、違反は勧告するが、重い違反を書かずに帰ってくるような者も、少なからず存在していた。チョロっと行って、チョロっと軽微な違反を書いて帰ってくるのを「チョロ監」と呼んでいた。

チョロ監では、「労働基準法一五条違反」を勧告しているケースが多い。これは、「雇入れ通知書の未交付」というものである。雇入れ通知書には、雇用の際に労働条件を書面に書いて渡すことにより、労働条件に関するトラブルを防止するという重要な役割があるのだが、逆に、この違反は非常に是正の報告が容易である。要は、今後は決まった様式を使って交付するということにすればいいわけだから、監督の翌日にでも是正が完了する。すると、監督復命書を決裁した直後に是正報告書が届き、その事案は完結ということになるのだ。

以前のチョロ監は、もっとすごかった。違反率など考えなかったので、監督の実施率を上げるために行くけれど、行った先で「良好に管理されている」ということにしてしまえば、お茶だけ飲んで帰ってくればおしまい、ということになったのだ。

建設現場では、各下請に同じ内容の「引き続き良好な管理を行ってください」などの指導票を出し、それで件数だけを多く稼いでくるようなケースもあった。これでは、チョロ監といっても、ほとんど反則技である。

雇入れ通知書だけの違反を指摘するチョロ監は、ノルマはこなせるし、違反率は下がらないし、そういう点で便利な方法なのだろう。

しかし、監督官のプライドを持って仕事をしている者にとっては、数多くの問題点を洗い出し、指摘をすることで達成感を得られる。数多くの重要な違反を指摘すれば、会社としてもなかなか改善できないこともあるであろう。そうして時間だけが経過してしまうようなことも少なくない。是正しなければ、最終的には司法事件ということになるのだが、もともと司法事件にすることが仕事ではなく、いかに労働条件を改善し、トラブルの起きない職場環境をつくりだすかが目的なのであり、結局のところ、繰り返しの粘り強い指導が必要になってくる。

そういうことで、なかなか完結できない時間のかかる手持ち事案を持つことで、他の仕事も進められなくなるという矛盾が生じてしまう。それによって自分自身のクビも締めることにはなるのだが、それでも違反の指摘はやめないのだ。

「もし違反を指摘しなくて事故になってしまったら」「もし何も言わなかった結果、労使のトラブルが生じてしまったら」などと思うと、そういう指摘をすることなく引き揚げるのは、プライドが許さないのである。今では、その結果勤務評定が下がってしまい、チョロ監をする監督官より低い評価になってしまうのかもしれないのだが……。

会社にとっての監督官の「当たり」「外れ」

チョロ監をする監督官は、会社の担当者にとっては助かるのかもしれない。厳しいことを言われてしまうことを覚悟して臨んでいたところ、大した指摘もなく監督を終えてしまった。上司に報告するのにも、「何も指摘されませんでした」とか、「雇入れ通知書を今後交付するように言われました」とか、それだけで終わってしまう。

ところが、会社は何も指摘されなかったので問題がないと思っていたところに、事故が発生してしまったり労働者とトラブルになってしまったりしたらどうだろう。たとえば、居酒屋チェーンや大手広告代理店のように、業務に起因して自殺者が出てしまったらどうだろう。長時間労働の状況などは見てもらったが、何も指摘を受けなかったので大丈夫なのかと思っていたら、労働者が過重労働を原因として死亡するようなことが起きてしまったら、「あの時ちゃんと指摘してもらえたら」とは思わないだろうか。

監督官の指摘というのは、ある意味で、これまで会社が見つけることがなかった「リスク」を洗い出してもらうことである。だから、法違反を是正するという方法で、このリスクを削減すれば、今後の事故は避けられる可能性が高くなる。事故が起きなかったり、トラブルが発生しなかったりと、本来会社が見つけなければ遭遇してしまったであろう問題を、無料で診断し、アドバイスしてもらったと思うなら、これほど有益なことはないはずだ。

監督官から数多くの指摘を受けた場合、交付した監督官を嫌な奴だと思うのか、リスクを見つけてくれてありがとうと思うのか、その思考方法を変えるだけでも今後の会社が変わってくることだろう。会社にとって、臨検監督でやってきた監督官の「当たり」「外れ」はいったいどちらなのだろうと考えた場合、長い目で見たら違う答えが出るのかもしれない。

第5章

「ブラック企業」は常に見られている

ブラック企業誕生から、電通、三菱電機に続く流れ

ここ最近では、ブラック企業という言葉が当たり前のように使われているのだが、これは以前からあった言葉ではない。

バブル経済崩壊後、就職氷河期と言われる時期がやってきた。企業は、リストラという名のもと、様々なものを切り捨てながらやりくりしてきたが、平成一四年ころから円安を背景として輸出関連の企業が活況となり、労働力不足を招いた。その頃、小泉内閣が主導した派遣法の改正により、非正規雇用が拡大し、賃金の格差が生じ始めた。

そうしたなか、平成二〇年に起こったリーマンショックに伴う深刻な金融危機により、景気が一気に冷え込み、それまで以上に就職困難な状況となった。会社も、バブル崩壊時よりもさらなる経費削減等を行い始め、就職しても、過酷な環境での勤務や離職を余儀なくされていく者が出始めることになる。

一方、時代はすでにネット社会が到来、就職活動も企業情報収集もインターネットを通じて行うようになり、悪い情報についてもネット上で共有し合うことになっていく。そうしたなかで、過酷な労働環境にある会社、サービス残業が横行する会社、簡単に解雇する会社、

ハラスメントなどが発生する会社などを、ネット上の隠語で「ブラック企業」と呼び始めた。

平成二〇年に、居酒屋チェーン店ワタミの京急久里浜店に勤務していた女性新入社員が自殺する事件が起きた。平成二四年に、神奈川労災保険審査官がその自殺を労災と認定し、遺族が記者会見を開いた。これに対して、同社の会長が労災認定を残念だとする内容をツイッターでつぶやいたことをきっかけに、ネット上で炎上する騒ぎとなった。

その年の五月、東京新聞が同社に対する労基法違反問題の追及を開始した。ネガティブキャンペーンのように連日行われるようになり、他の大手紙も、その日の夕刊からこの問題を報じるようになった。実は、この間、東京新聞の記者が福岡にきて、私は取材を受けており、三六協定や長時間労働の問題に関してレクチャーしていた。そのため、この報道の最初の記事に私の名前が記されているのである。

三六協定の手続きの問題が掲載されると、厚生労働省は速やかに臨検監督の実施を行わせ、その勧告を行うほど大きな影響を与えた。さらに、その渦中の会長が、翌年政権政党から立候補し当選することになったが、このことが政権与党のイメージ低下となってしまうことを恐れたのか、積極的にブラック企業対策を行うという方向に流れが変わり始めた。厚生労働省は、ブラック企業という言葉は使わず、「若者の『使い捨て』が疑われる企業等」という言葉を使って、その年の九月に過重労働の重点監督を実施して公表した。

その後、消費増税による景気の落ち込みがアベノミクスを停滞させたことで、賃金上昇による消費拡大を目指し、さらなるテコ入れとして「日本再興戦略」のなかに長時間労働対策や働き方改革、同一労働同一賃金などが盛り込まれ、これまで政権が関わることの少なかった労働問題に、がっちりと取り組む姿勢を見せるようになってきている。

過労死防止法も成立、施行されて、過労死防止を目指すという対策に取り組むさなか、平成二八年一〇月に電通の女性新入社員の自殺が労災認定され、すぐさま東京労働局「かとく」による臨検監督、一一月に実施した強制捜査と続き、年末仕事納めに送致されたことで、社長の辞任に至ることとなるのである。

年明けには、社長の辞任にとどまらないという厚生労働大臣の談話が出され、さらに藤沢労働基準監督署による三菱電機従業員からの告訴による検察庁への事件送付へと続いている。

労基署がマークしている申告常習事業場

実は、ブラック企業という言葉の登場する以前から、労働基準監督署ではマークするような企業があった。労働者から解雇や賃金不払いなどの申し立てが常態として発生しているような企業で、申告処理として受理することが頻繁にある会社を、「申告常習事業場」と呼んでいたのだ。

インターネットがそこまで普及していない時期であったため、そういう企業への横の情報が少なく、繰り返し発生するといった側面もあったのかもしれない。監督署側でも厄介な会社という印象を持っているものの、一見、積極的に取り組むという程度ではないため、同じことが何度も繰り返されるような状況があった。実際には、こうした問題があっても、どこにも相談せず、そのままになってしまったケースも少なくないのかもしれない。それをいいことに、企業はわずかな利益を上げながら生き延びようとしていたのであろうか。

ある有名な申告常習事業場は、労働基準法違反で告訴されることとなり、同時に民事訴訟で和解となって、労働条件改善に取り組むようになった。

現在でも、おそらく申告常習事業場なるものは存在しているはずであるが、同時にネット社会であり、そのような企業はすでにブラック企業の烙印を押され、優秀な人材の確保などは困難な状況となっているのであろう。

労働基準監督署には「労働基準行政情報システム」というものがあり、全国の各監督署を専用回線で繋ぎ、情報を共有することができる。このなかで、それぞれの事業場が、個別事業場情報管理のサブシステムにより登録され、ここに様々な情報が貼りつけられている。たとえばA社のB支店という事業場があれば、まず基本情報として、労働保険や労働者数、労働時間などの情報が入っている。そして、B支店に絡んで、本社や各支店を結合する企業全体情報というシステムを用いて、関連する事業場を登録する。

監督を実施したら、監督結果等情報のシステムを用いて監督復命書を作成し、データはそのまま登記される。申告処理を行う際にも、その処理経過など、申告情報管理システムを使って入力する。就業規則、三六協定、預金管理状況報告、健康診断結果報告、安全衛生管理体制報告など各種報告が出されたら、OCIR（Optical Character and Image Reader）を使い、そのままデータを登記する。労働者死傷病報告が出されたら、それも同様に入力する。司法捜査を行い、送検したら、その結果も入力する。

そういう形で、次々に各監督署においてデータを入力することで情報の蓄積を行い、その情報を共有することになっているのだ。そのため、異動などで新たな監督署に勤務することになっても、データを確認すれば、管内の企業の情報はすぐにわかる仕組みになっている。

臨検監督を拒否したといったことがあれば、その情報もわかり、次にそういう形で問題が出てくれば、知らない会社であっても、すぐに事件として取り組むべき企業かどうかが、わかることになるのである。

そういうことから、現在、申告常習事業場は、引き継ぎで伝達されなくても、全国のネットワークにより問題企業として洗い出すことができるのである。

ちなみに、この労働基準行政情報システム、制度構築などを外注しなければならないため、厚生労働省の調達情報にそのシステム概要がわかるようになっている。そうでなければ、私もここまで記述することができない。

タレコミ情報

監督署に勤務していた時、常時、電話がかかったり、相談者がやってきたりした。それ以外にも、多くの手紙などの情報が舞い込んできた。現在では、厚生労働省のホームページでのメール受付や、委託されている時間外の相談などで入ってきた情報も、監督署に届くことになる。

こういう様々な情報が舞い込むなかで、監督署は、その情報の確かさの優先順位をつけ、事業場に対する臨検監督を行ったりするのである。さらに現在は、長時間労働削減推進本部からの指示により、八〇時間を超える時間外労働が行われているといった情報があれば、情報の精度に関わらず、全数監督を実施するようになっている。以前より行っていた「情報監督」と言われる、情報をもとに実施する監督は、その精度が悪いと全く的外れに終わってしまうリスクもあるのだが、それでもやる意味があると判断したのであろう。

某署に勤務していた時のことだ。手紙による情報があり、この監督を実施しろと渡されたものがあった。どうやら父親からの情報で、高校生の娘が夜一〇時を過ぎてもアルバイトをしており、帰ってくるのが一二時を過ぎることも多いということだった。すでに女性の深夜業は解禁されていたのだが、一八歳未満の年少者は夜一〇時から翌朝五時までの勤務が禁止されている（ということは、高校生でも一八歳になれば深夜勤務も可能となる）。ちなみにNHKの紅白歌合戦などで、深夜にアイドルグループの一員が参加できないなどといったことがニュースになることがある。

この娘は、ファミリーレストランのチェーン店に勤務しているということで、その実態確認を行うこととなった。もちろん情報があったと言うこともできないので、とりあえず労働時間と就業規則などの労働条件に関する確認を行いたいと、店を訪問することにした。

店に入ると、笑顔の女性店員から「いらっしゃいませ」と言われた。

私「こんにちは。労働基準監督署といいますが、店長さんいらっしゃいますか？」

店員「えっ、もう一度おっしゃってください？」
私「労働基準監督署という国の役所の原といいます。店長さんにお話を伺いたいのですが、今日はいらっしゃいますか？」
店員「今日は遅番になっているので、あと三時間ほどしないとこない予定なのですが」
私「三時間ですか……。夕方四時ですね。わかりました。またその頃お伺いします」
店員「メモを残しておきますので、名刺をいただけますか？」
私「ありがとうございます。よろしくお願いいたします」
そう言って、名刺を渡して店を後にした。
一旦、庁舎に戻って、事務処理を済ませてからもう一度出かけようと思い、事務室内で仕事をしていた。すると、まだ一時間もたたないうちに、店長から電話が入った。
店長「原さんでしょうか？」
私「はい、お留守のところ、お伺いして申し訳ありませんでした。就業規則や三六協定などの労働条件についてお話を伺いたいのですが？」
店長「勤務は四時からですので、四時前ならば構いません」
私「今からお伺いしてもよろしいですか？」

店長「もう店におりますので、構いません」

私「それではよろしくお願いします」

そう言って、もう一度店に戻ることにしたのだが、んっ？　店長は四時から勤務なので、四時前迄ならよいってどういうこと？　と考えてしまった。

まあ、管理職ということで、四時からはおそらく店長業務ではなくホールなどの仕事をするのだろうなと考え、この辺りも勧告しておきたいなと思いながら車を走らせた。ファミリーレストランの店長は、一般的に管理監督者として扱っているものの、その実態を確認すると、管理職と言えないということで判断され、そういった店長の勤務に対するリーフレットも出されていた。

店に着くと、すぐ店長が出てきた。

店長「いらっしゃいませ。こちらへどうぞ」

案内されたところは、事務室内ではなく、店舗の一番奥の席だった。昼間のアルバイトの面接なども店のテーブルで行っているらしいのだが、違和感を感じて仕方がない。店長はすでに書類をテーブルのところに揃えていた。

私が着席すると店長は、ワイヤレスのチャイムで従業員を呼び出した。すぐに、ホールのスタッフがやってきて、テーブルの上に水を二つ置いた。そして店長が、「コーヒーでよいですか?」と聞いてきた。

役所にいた頃は、会社を訪問した際でも、ペットボトルなら飲まない、お茶受けやコーヒーの場合飲める、缶入りのコーヒーやジュースなら不可という、なんとなく線引きがあった。今でこそ出されたものは口につけないと失礼だと思うのだが、役所は倫理法などがあるため、そういう部分からもあらぬ疑いをもたれないということをしてきた。

そういう意味ではコーヒーは可なのだが、店舗でコーヒーは売り物である。売り物に口をつけるのは……。

私「お水で大丈夫です」

店長「コーヒー、お嫌いですか?」

私「先ほどたくさん飲んできたので」

店長「それなら大丈夫ですね」

結局、そのあとすぐに、コーヒーが二つ運ばれてきた。

これは口にできないなぁ……。

冷めてしまうと売り物になることはないなぁ……。

葛藤がしばらく続いたが、結局、私が飲まなければ廃棄することになるであろうから、頂くことにした。もったいない、もったいない。そう自分に言い聞かせて、ごくりと口にした。

少し、負い目を感じながら、話を始めた。

私「お忙しいところ申し訳ございません。今日は労働条件などが守られているのかどうか、確認のための調査にお伺いしました」

店長「他の店舗でも今月きているようですから、だいたいわかりました」

えっ？　もしかして、この投書が別の監督署にもきているのか……？

私「他の店舗は何か言われたのですか？」

店長「本部から連絡がきていました。監督署が就業規則の変更届けについて調べにくるかもしれないと」

どうやら、投書とは無関係の話のようだ。少し、ほっとして話を進めることにした。

私「おわかりのようですので、先に就業規則の確認をさせていただきます」

とりあえずそういう形で店長の話に乗ることで、投書の存在など覚らせないようにしておいた。

就業規則を見ると、提出の日付が前日であった。どうやら、他の店舗で就業規則の変更届けを出していなかったことを指摘され、全店舗で変更届け出を行ったばかりのようである。変更箇所は、そこまで大した問題ではなさそうだったが、会社内では大騒ぎだったようだ。

就業規則確認のついでに、この店舗での管理職の扱いや年少者の雇用の部分について、就業規則の条文を見てみた。すると店長は、管理職扱いではなく、エリアマネージャーというものが管理職となっていた。今の時間は、店長にとっては時間外ということらしい。また、年少者は夜一〇時までの勤務しか行わせてはならないことになっている。

他の届け出書類なども確認したが、特段の問題がないようであり、今度はいよいよタイムカードを確認することにした。

私「タイムカードを見せてください」

店長「こちらになります」

私「ありがとうございます。店長さんのカードはありますが？」

店長「こちらです……」

急に声のトーンが下がったために、顔を見上げると、渡されたカードには、隙間なく打刻されていた。

私「す、すごいですね。休みがないのですか？」

店長「そうですね。数年前までは、店長でも管理職だったので、残業代が出ていなかったのですが、今はこれだけの時間分は支払われています」
私「管理業務ですか？」
店長「いえ、ホールでの仕事になるんです」
私「店長の給料で残業代を払うなら、相当な額になるんじゃないですか？」
店長「私が入っている時間は、通常よりスタッフを一人抜くことになっているんです」
私「それで、とんとんという形にするんですか。アルバイトを入れたほうがいいんじゃないですか？」
店長「そうしたいのですが、人が集まらないんです。昔は、高校生とかひそかに深夜勤務してもらったりしていたのですが、今はそんなことできませんし」
えっ？　高校生を深夜勤務させていないの？　と、予想もしないところからその部分に話がつながってしまった。
店長「今は、高校生を深夜勤務させた店長は厳しい処分を受けてしまうので、決してそれはできないようになりました。それに、高校生も夜遊びたいらしいので」
私「うーん、それは大変ですね。念のため、伝票と照らし合わせてもらってもいいですか？」

店長「タイムカード打刻後の勤務確認ですね。構いません」

なかなか読みの鋭い店長である。結局、オーダーの伝票とタイムカードを照らしても、辻褄の合わないような部分などは、全く見当たらなかった。

私「大丈夫のようですね。未成年のカードと、年齢確認書類をお願いします」

店長「こちらです」

五人ほどの未成年者がいたが、情報の対象となりそうな女性が一人いた。しかし、年齢確認書類も揃っており、タイムカード上も伝票上でも問題は見当たらなかった。問題の女性らしい人物は、夜九時半であがっている。同じ日の勤務者を見るが、夜勤も人数は揃っている。伝票を他人のＩＤを使用している可能性も否定はできないが、現時点で全く問題点が見当たらない状態であった。とりあえず、深夜勤務の情報はもう一度練り直す必要がありそうだということにするしかなかった。

私「状況は把握いたしました。問題点は、店長の勤務だけですね」

店長「安心しました」

私「是正勧告書と指導の文書をお渡ししますので、店長の勤務を何とかしろと、本部に伝えておいてください」

店長「よろしくお願いいたします」

その場で勧告書と指導票、それに専用の指導文書を渡して、店を引き揚げた。

庁舎に戻り、上司に報告を行った。

私「情報の人物らしいのはいましたが、全く確認できませんでした」

上司「偽装しているとかそういうのはないの？」

私「他人のＩＤを使ってオーダーをとっているならわかりませんけど、辻褄は合っていましたから」

上司「深夜に確認するしかないかなぁ？」

私「うーん、それは避けたかったけど仕方ないんでしょうかね」

上司「わかった。もう少し後でやってみよう」

その後、一カ月後あたりを目途に、深夜に内偵してみようということになっていた。

そんなある日、労災課の窓口にあの店長が。そこで、店長自身の過重労働の関係で何かあったのかと思い応対してみた。

私「お久しぶりです。どうされたんですか？」

店長「あ、原さん。ご無沙汰しております。実は、従業員が家に帰るときに事故を起こしてしまったのですが、労災の請求が可能かどうかお聞きしたくて」

私　「どういう事故だったのですか？」

店長　「実は、車が接触事故を起こして本人がけがをしてしまったのですが、運転していたのはその彼氏でした。彼女を自宅まで送り届けようとしたときだったんです」

私　「それは微妙ですね。時間は何時頃ですか？」

店長　「深夜一二時近くです。勤務は九時半に終わっていたのですが、いつも彼氏の家に寄ってから家に帰っていたらしいのです」

えっ、まさか、そんな話か……。

私　「おいくつくらいの方ですか？」

店長　「高校生で一六歳です」

が〜ん、やはりそういうことだったのか。何だかやるせない思いが出てきたうえに、父親に対する憐みのような感情も、同時に湧いてきた。

私　「無理ですね。通勤からは逸脱しすぎですから」

店長　「そうですか。本人が通勤災害にならないかと強く言ってきたものですから、念のために確認にきたのですが。やはり無理ですか」

労災課の職員も「無理ですね」と答えて、店長は戻っていった。

結局のところ、その娘は毎回彼氏の家に立ち寄ってから帰宅していたのだが、親への言い訳として、アルバイトを理由にしていたようだった。彼氏の家から帰宅途中に事故に遭ったため、父親への言い訳のためなのか、通勤災害にならないかという話を持ち込んだようだ。

この件は結局上司に話して、深夜の確認作業は行わないことになった。その後、彼女は父親に真実を告げたのかが気になるところではあったが、店長の過重な勤務が終了した報告を郵送で受け付け、この店舗の件は終了となった。

意外なブラック企業

監督官を辞めたあと、どこかで働こうかと思っていた時期、とある役所で七カ月間面倒を見てもらった。とりあえず退職し、無収入状態。公務員は雇用保険に入っていないので失業給付が出るわけではなかったため、ありがたく勤務につかせていただいた。同じ非常勤の立場で仕事をしている同僚には、社労士も数名いた。私は、会社の指導のほか、かかってくる電話への相談対応などの仕事をすることになっていた。監督官だった知識を活かして、活動できる職場ということで入ることになった。ただ、これまで行政と非常に関連深いところでおおよその業務は把握していたものの、その仕事ぶりや内容などは全くわからなかった。

そして、いざ入ってみてびっくり。いくつかの部門に分かれていたのだが、正職員は出かけることなく、非常勤の職員がそれぞれ企業を訪問して指導を行っている。監督署時代には考えられないことであった。

まあ、郷に入れば郷に従えという言葉もかみしめながら仕事をしようとしていたところ、同僚の非常勤職員が、こっぴどく正職員から叱られている。それも、一度ではなく何度でも。ほとんどハラスメントであった。ここはハラスメントなどの相談を受け、それを指導する役所である。だが、役所の正職員にとって、非常勤職員というのは奴隷以下のような存在にしか見えていないようであり、実際に非常勤から意見するなど考えられない立場なのである。

あまりのひどさに、そこの責任者とナンバーツーに相談してみるものの、対処するどころか、見て見ぬふり状態。逆に、その後私は相談の電話などには出ないように言われたうえ、ひたすら外回りの仕事を命じられた。

よく、「監督署がサービス残業だ」などという話が出るが、ここはそういうレベルではない。ハラスメントなどを指導する立場の指導官が、結局のところハラスメント行為を行い、それを誰も制御できない状態となっていたのである。

紹介してくれた方の手前、途中で退職するわけにもいかず、契約期限の三月末で更新せずに勤務を終了させた。残念ながら、この話、別の機会にその役所を管理する担当に話しをさせてもらったのだが、調査したとか処分したとかの報道がなされていないので、放置されているのかもしれない。その頃、同じ非常勤だった社労士とは、今でも戦友のような感じでお付き合いをしている。

第6章

これからの労働基準監督署

過重労働対策は避けて通れない

本省の退職者などと違い、私のような地方の出先の一監督官だった者には、退職後に役所と関わりを持つことがなくなったので、情報をもらえるなどといったことは全くない。逆に、役所に世話になることなく過ごしているので、行政に対して気を遣うことなく物申すことができる。そもそも役所の擁護などは全くするつもりもない。

ただ、私が退職してからの労働基準行政は、大きく動いていることは間違いない。これまで経験したことのないような状況になっている。おかしなところは沢山あるのだが、労働基準行政については全く否定する気がないし、この行政が機能強化に努めてもらいたいと本気で思っている。

そういう立場から見て言えることは、過重労働対策を怠ると、企業存亡の危機を招いてしまうということである。電通問題は、女性社員の自殺の原因が長時間労働だけではないことも指摘されているのだが、それまでの監督署からの指導を軽く考えてきた結果である。

行政機関を軽視する姿勢は、ハラスメントが蔓延する会社なら当然かもしれない。繰り返し言われても、小手先だけ改善すれば何とかなる。場合によっては、虚偽の書類をつくっていてもかまわないと……。まさか、社長が辞任しなければならない状況に追い込まれるなど、思ってもみなかったに違いない。

ただ、今や時代の流れが大きく変わってきている。労働基準行政に、政府が大きく関わることなど思いもよらない事態だろう。首相の命を受けた大臣が直接指揮をすることに、霞が関も戸惑っていることだろう。

労務管理問題を放置すると、取り返しのつかない事態にだってなりかねない。数年来のブラック企業の烙印などの比ではないはずだ。

経営にとってリスク管理は非常に重要である。そのリスクのなかに、労務管理のリスクが存在する。どんなリスクが存在するのか、その洗い出しができずに内在させてしまったら、体ごと吹っ飛ばしてしまう時限爆弾を巻き付けているようなものだ。過重労働で健康障害を発症させる者が出てしまうと、まず臨検監督が実施され、労働時間などの管理が行われていなければ捜査が開始される。ノウハウの蓄積や局署間の連携により、送検までのスピードは以前よりも速まり、新聞やテレビなどの報道にもなりやすい。

送検事業場は、一定期間社名がホームページ上で公表されるため、役所認定のブラック企業リスト名簿に掲載された企業ということで、就職活動中の者からは応募を避けられることになるだろう。過重労働問題に対するコンプライアンスも各企業で強化されていくために、過重労働を引き起こした企業ということで、取引の縮小や停止も考えられる。

これからは、過重労働の対策を行わない企業は、淘汰されることを覚悟しなければならないのであろう。

労災かくしは国を欺く行為である

電通事件もその後に起きた三菱電機事件もそうだが、両方とも、労働者に「自己申告」という名のもとで、労働時間数について過少申告を行うように指示していたことが、その報道や大臣の記者会見で明らかになっている。その結果、実際の労働時間数よりも少ない時間を労働基準監督署に報告していることになる。要は虚偽報告となってしまうのであろう。提出先は一人の監督官なのだが、その行為は、国に対して会社が欺く行為ということにほかならない。国に対してウソをつくということなのである。

監督官は、司法警察官でもあるため、事件があれば送検する。送る先は、地方検察庁の本庁であったり、その支部だったりする。実際には、捜査した一件書類を持って、窓口である事件係に書類を受け渡すだけなのだが、検察庁内部では、そこから捜査担当の部署に回される。

殺人事件などが起き、警察が捜査した事件も検察庁に送られるが、その捜査を担当するのは刑事部になる。一方、監督署が捜査する労災事故や賃金不払い、長時間労働などの事件は労働事件と言われているのだが、これを捜査する担当は、旧公安部になることはあまり知られていない。検察庁内部の争いがあったような話も聞くが、全国の地方検察庁の公安部は、そのほとんどが姿を変え、東京と大阪以外の旧公安部は「特別刑事部」になっている。監督署の捜査した事件は、公安・労働事件という扱いで、公安事件などを担当する検事が処理をすることが多いのである。

監督署が捜査を行って事件を送致する場合、事前に検察庁に相談して、送致の許可をもらうところが多いようだ。埼玉にいた時には、事前許可が不要だったが、東京や神奈川では、事前に事件相談を行うことになっていた。

川崎市にある監督署に勤務していた時には、歩いて数分のところに横浜地方検察庁川崎支部があった。被疑者が逃走したということで報道されたこともある検察庁の支部である。歩いて数分という地の利もあったし、ここで勤務した二年間に、六件だったか八件だったか失念してしまったが、年間一件のノルマを大きく超えて送っていたこともあり、頻繁に検事のところに行き、事件の相談をしていた。

ここの支部は、法務局との合同庁舎ということもあるせいか、当時はそのまま誰にも会わず担当検事の部屋をノックすることができた（現在はそういう管理体制はないと思うが）。人気芸能人が検事役を熱演したドラマでは、とある検察庁の支部が描かれていたが、実際に検察官には検事付きの事務官がいて、秘書役のようなこともしていた。この事務官に連絡をとり、検事に会える時間を確認したりするのだが、すぐに行ける距離だったので、私の場合は、「今空いているか」ということで相談に行くことが多かった。

検事の部屋の応接スペースで事件の相談をしていると、警察の事件相談も急にきたりすることがあった。時間がないのか、私に構わず検事の机でそのまま事件相談をするため、内容が聞こえてくることも多々あったものだ。機械の輸出とかにせ札とかの話があり、警察が帰った後で、「外事課の関係で、某国への工作機械の輸出事件の相談」などと教えてくれることもあった。

労災かくしの相談をしていた時だったので、話の種類が全く違うなぁと思いながら相談をしていたのだが、その時に検事が言った言葉が忘れられない。

「労災かくしは、国をだまそうとした悪い奴だよね」

そうか、検事はそういう目線で見るんだと、目からうろこが落ちたような気持ちだった。虚偽の報告というのが、一監督官を欺こうとした行為ではなく、国をだまそうと企んだ行為という見方をするのかと。

賃金不払い事件などは、どれほどの被害者がいても、「単なる債務不履行だよね」などと言われることもあり、全国的に見て、送致しても起訴猶予になることが比較的多い。しかし、労災かくし事件は、比較的起訴率は高く、私が送検した労災かくし事件はすべて起訴されている。

検察庁が、実際に送検された事件をどう判断しているのか、検察組織にいない私にはわかるはずもないのだが、少なくとも監督署の事件を担当するのは、「外事・公安事件」を担当する検事が多いこと、会社がウソの報告などすることは国をだまそうとする行為であると考えている検事がいること、などを考えてみると、電通事件や三菱電機事件などは、送致された先の検事からすると、労働時間を少なくすることで、監督署から指摘を受けることを避けようとした国を欺こうとする行為ということに映ってしまうのかもしれない。

虚偽の報告ということには、事件を送致された後でも、そういうリスクが存在するようだ。

厚生労働省から緊急に出された、「過労死ゼロ緊急対策」では、労働時間の申告に関しても触れている。申告された労働時間と実時間が乖離しているような場合には、使用者は調査を行わなければならないとなっている。実際に、申告時間が少なくなっているケースでは、使用者の暗黙によるものも含めた指示によるところが多いはずなのだが、使用者に調査を行わせることで、その申告された時間をそのまま労働時間だと認定してしまうと、「虚偽」の責任が使用者にかかることになるわけだ。

虚偽のリスクは、あまりに大きすぎるということだ。

今も行われている労災かくし

労災かくしの話に触れたので、ついでに。

「週刊ダイヤモンド」という雑誌がある。これまで二度、労基署特集が行われているが、共に取材を受けてコメントしたことが記事になっている。

最初の特集の時、労災かくしの話を聞かれて簡単にコメントしておいたのだが、その後に多少の反響があったようで、ネット上にインタビュー記事を載せたいと言われた。そこで、現在でも労災かくしが起きているということを話してインタビュー記事ができあがったのだが、その記事を見て、「それは大昔の話だろ！」などとツイートしている人もいた。

しかし、大昔の話などではないのだ。

記事が掲載された直後、建設業の下請をしている顧問先から、上位の元請から労災を隠すように言われたということで相談を受けた。その元請からの仕事を失ってもかまわないという話であったため、上位元請の会社に説得のために乗り込み、労災の手続きを取らせることになった。その一カ月後、今度は別の県で、同じ顧問先の会社から、また労災かくしの指示があったと相談を受け、休日ではあったが、車で四時間ほどかけて現地に向かい、元請を説得して労災の手続きを行わせることができた。

結果的に労災かくし事件として表に出てくることはなかったが、こういう形で埋もれた労災かくし事件は多数存在するだろう。

労災かくしとは何か、わからないという方もいるかもしれない。簡単に説明しておこう。

職場でけがをするなどの事故があった場合、通常、労災事故の報告をして、労災保険を使用して治療を行う。建設現場の場合には、労働基準法により、一番上の元請の会社を使用者とみなすことになっているため、下請の労働者であっても、元請の労災保険を使用することになる。ちなみに健康保険は、仕事上のけがの治療には使うことができないようになっている。

労災保険の場合、けがをした本人はお金を払うことなく治療を受けることができるため、負担が少ない。しかし、使ってはいけないのだが、健康保険を使うようにすると、自己負担分が発生してしまう。そのため、健康保険で治療を続けていると負担が増えるので、治らないまま治療を中断してしまうことも少なくなく、重篤な後遺症などが残ってしまうようなこともあるのだ。

これを防ぐという目的もあるのだが、労働安全衛生法では、労働者が休業する災害が発生した場合に、監督署に「労働者死傷病報告」という書類を提出する義務を課している。四日以上休業するような場合には「遅滞なく」、一日から三日の休業の場合には「四半期ごと」に提出しなければならないとしており、これをもとに、会社に安全衛生の再発防止を求めたりしている。

ただ、下請は、元請から仕事をもらえなくなることを恐れて、労災事故の報告をしないこともあり、また、元請の場合、発注者からのペナルティを恐れて事故を隠そうとすることもある。

広い意味での「労災かくし」は、労災保険を使わせないことも含まれるのだが、法令上の点からは、あくまでも「労働者死傷病報告」の提出を行わなかったことだけが該当する。労働者死傷病報告の提出義務は、直接休業した労働者を雇用する使用者に課しているので、元請が隠すよう指示をしたといっても、責任を負うのは下請の会社。もっとも、元請の職員も共犯ということで処罰の対象になるのだが、元請は、提出義務がないので法人として責任を問われることはないのである。

警備員は見ていた。

これは、ある監督署での勤務時の話。

一本の電話が鳴った。相手は、興奮状態のまま電話をかけてきたようで、最初何を話しているのか全くわからなかった。

私「どういったことでしょうか？」

相手「……っていうことだ！」

私「すみません、何かおっしゃりたいことはわかったのですが、電話なので、話がよく聞き取れませんでした。もう少しゆっくりお話しいただけませんか？」

相手「悪かったな、俺は話がうまくないもんだから。俺は、○○町の△△建設の現場で、ガードマンをしてるんだけどよ」

私　「△△建設って、あの大手のゼネコンですか？」
相手「そう、その△△の現場の出入口で働いていたんだ」
私　「警備会社は別にあるんですよね？」
相手「○○市のＸＸって会社だ」
私　「それで、今日はどういうことでお電話されたんですか？」
相手「そこの現場の入口でまじめに働いていたんだけどな。近くの奴が犬を連れて散歩してたら、その犬がガブリッて俺の足に噛みついたんだよ！」
私　「それは大変でしたね」
相手「だから、監督を呼んで、犬に足噛まれたって言ったんだよ。そうしたら、近所と揉めるのが嫌なのか、我慢しろって言いやがるんだよ！」
私　「病院には行かれたんですか？　どんな病気があるかもわからないですからね」
相手「救急車を呼べって言ったのに、呼べないなんて言われてしまったから怒ったんだよ」
私　「出血とかひどかったんですか？」
相手「歯形がついて、少し血がにじんでいたよ」
私　「それじゃ、救急車は呼べませんね。病院に行く必要はありますけど」

相手「でも、監督は△△の労災保険を使わせてくれなかったんだよ！」

私「それは無理ですね。作業員ならそうなんですが、ガードマンは警備の派遣だから。元請に言うんじゃなく、警備会社で手続きを取らないといけないんですよ。会社に話しましたか？」

相手「うーん、話してない」

私「まず、会社に事故の報告と、労災手続きについて話してみてください。それで手続きを取らないって言うんだったら、もう一度連絡もらえますか？」

相手「わかった……」

電話の相手もかなり落ち着いてきたので、世間話などしていたところ、そのゼネコンの所長が少し前にけがをしたのに隠しているというような話が出てきた。

私「監督じゃなくて、その上の所長がけがしたんですか？」

相手「そう、朝礼のすぐ後に、現場にトラックで溶接のボンベが運び込まれてきたんだよ。所長はせっかちだから、早く終わらせたかったんだろうな、一緒に手伝い始めたんだよ。そうしたところ、ボンベがドーンって落ちてよ、所長の足の甲の上に」

私「溶接のボンベは重いでしょう」

相手「そう、所長はのたうちまわって痛がっていたよ」
私「それは痛かったでしょうね」
相手「周りが心配して救急車を呼ぼうかと言ったけど、所長は断ったんだよ。会社が営業停止処分を受けたばっかりだったんで、まずいなぁと言っていたようだったけど」
私「それでどうしたんですか？」
相手「別の下請の車に病院まで運んでもらった。そのあと戻ってきたけど、でっかいギブスしていたよ。……どうやら自分ちでけがしたことになったって聞いたけど」

その△△の現場は、その月の計画で監督対象として渡されていた現場だった。通常の監督ではなく、災害時監督の対象だった。

実は、その現場では型枠大工が指の「不全切断」による事故を起こしており、休業三日間という四半期ごとに報告する労働者死傷病報告が提出されていた。不全切断で休業三日というのは少なすぎるということだったので、すでに労働局経由で監督署に届いた労災の治療内容の内訳書、「レセプト」を見たところ、五日間の入院となっていたのだった。

病院に事前に確認して、救急車で搬送されていないこともわかっていて、疑いが出ていたから、もともと現場を臨検する予定にしていた。

私は、電話があったその日のうちに、現場に向かった。現場には所長は不在で、少し離れた現場事務所にいるということだった。

そこでとりあえず、通常の建設現場の監督を実施した。警備員が言っていた監督がいたので、監督と一緒に現場をまわった。大手ゼネコンにしては、あまりにも安全管理体制が杜撰でいつ事故が起きてもおかしくない。起きた事故を隠すこともあり得るだろうと感じていた。手すりのない個所などいくつか指摘しなければならないようなこともあった。

監督が連絡したのか、所長があわててやってきた。情報通り、左足を引きずりながら。

私「こんにちは、監督できました」

所長「お疲れ様です。外していて申し訳ありません」

私「いえいえ。ところで、足を引きずられているようですけど、どうされたんですか？」

所長は、少し戸惑ったような表情を見せたが、すぐに答えた。

所長「自宅で朝、たんすを持ち上げようとしていたところ、足を挟んでしまいまして」

私「それは大変でしたね。でも何で朝っぱらからそんなことをしたんですか？」

所長「それは……」

しばらく言葉に詰まっていたが、ハッとした表情でこう答えてきた。

所長「タンスの後ろに、財布を落としてしまったので」
私「そうですか、財布なら必死だったでしょうね。でも、それでけがをしてしまったというのでは、財布の中身を落としたのと同じでしたね。ところで、今日は現場の監督と併せて、切断事故のことを確認にきました」
所長「型枠大工の事故ですね」
私「書類関係を見せてもらいたいので、事務所のほうでお伺いしていいですか？」
所長「ご案内します」
　所長が足を引きずりながら現場を出て案内してくれたのは、道路を隔てて少し山のほうに上ったところにあるアパート。その一室を現場事務所として使用していた。入口付近に、松葉づえが立てかけられていた。
私「日報とKYのシートを見せてもらっていいですか？」
所長「こちらになります」
　手渡された作業日報で、事故の日以降の型枠大工の作業状況を確認した。日報には作業員の名前は書かれていなかったが、KYのシートというのは、朝礼時に作業員が現場の注意事項などを確認する書面で、一般的に作業員の名前をサインするようになっている。そのため、誰がきていたのかを確認できるのだ。
　型枠大工のKYを確認するが、事故の日まで毎日きていたのに、事故後は一切名前がなかった。現場に出てこられるようなけがではなかったようだった。
私「おかしいですね。けがの日以降、全くこちらにきていないようですが？」
所長「それは……」
　どうやらこの所長は、言葉に詰まってしまうことが多いようだ。
私「実は、休業三日の報告なんですが、すでにレセプトが届いていたので確認すると、五日間の入院になっているんですよ。救急車も呼ばれていないような状態なのに、入院五日というのも普通ではないのですが」
所長「……」
私「矛盾していますね。とりあえず、さっき確認した状況で、使用停止命令を出しますので、是正して監督署まで解除通知をもらいにきてください。休業の件については、あまりおわかりでないようですので、支店と協議して正確な報告をしてくださいね。とりあえず引き揚げますので」
　そうして、現場事務所を引き揚げることとした。

その日の夕方、支店の安全衛生担当の部長と一緒に、足を痛そうに引きずった所長がきた。この部長とは、こういう形で会う機会が非常に多く、いつものように使用停止の解除のための写真などを見せられたので、解除通知書を交付した。

私「解除通知はお渡ししますが、結構危なっかしい現場ですので、支店でもフォローして下さいね」

安全衛生担当「申し訳ありません。定期的にまわりたいと思います」

私「ところで、指の切断事故の件はどうなりましたか？　確認取れました？」

安全衛生担当「実は、入院は五日は間違いないのですが、休業開始した日に入院して、退院した日にその足で現場に向かっているんですよ。入院初日は、休業日数にカウントしていませんし、退院日も現場に出ているので」

私「そうだったんですか。でも、この現場に戻ってきていませんよ？」

安全衛生担当「えっ、そうなんですか……。そういうふうに報告を受けていたので」

私「もう一度、よく確認して、報告してください。ところで、こちらの現場で所長が現場でけがをしたけど隠そうとしているという話が耳にはいっているのですが、どうなんですか？」

安全衛生担当「それはお間違いかも。本人の足のけがは、朝、自宅でたんすを移動させた際に落としてしまったと聞いています。数週間休んでいたとの報告を受けていました」

私「そうですか？　私は見たという人から聞いていたのですが」

安全衛生担当「私も最近聞いたばかりだったので、よくわかりません」

私「ウソだとまずいですからね。正直に確認するなら今のうちですからね。もう一度指の事故と一緒に報告してもらえませんか」

安全衛生担当「わかりました。確認してご連絡いたします」

そう言って、二人は引き揚げていった。

その間、所長が受診したという病院に照会をしたところ、手術が必要だということで、監督署近くの大きな病院に入院していたことが判明した。会社でじっくり協議したうえで報告してくるのなら、さすがに大手ゼネコンだから正直に話をするだろうという気持ちでいたのだが……。

三日後、二人が持参してきた、支店部長名と作業所長の両名が併記された報告書を見て愕然とした。

その事故の内容は、早朝たんすを移動して足を負傷し、仕事に行ってみたものの痛みに耐えきれず、病院で受診したというものであった。また、下請の指切断の事故は、たまたま被災者が会社の宿舎兼事務所に住んでいたため、退院日にそのまま事務所で掃除などの仕事をするようになったとの報告だった。

怒りがこみ上げてきた私だったが、冷静になろうと努めながら話を聞いた。

ところが、所長の一言に、そんな気持ちが吹っ飛んでしまった。

「救急車を呼ぶより、車で運んだほうが速いんですよ」

私は、事務所内に響き渡るような大きな声で怒鳴りつけた。

「救急車より車が速いというんですか？　あわよくば隠してしまおうという考え方で、救急車を呼ばず、診てもらえるのかどうかもわからないまま病院に運んで、連れまわしている最中に悪化して、最悪死亡することだってあるんじゃないんですか」

「今回、所長が現場でけがしている状況を目撃した人もいるんですよ。もしウソだったら、所長を被疑者として送検しますからね。会社内で知っている人がいたら、その人達すべて共犯として送検しますからね」

所長はおどおどしながら、「間違いないです」と小声で答えた。さすがに支店の部長も引きつった表情をしていたが、もっとびっくりしたのは私の上司だったようだ。

二人が帰ったところで、すぐに署長室で緊急会議を開いてもらった。

死傷病報告を作成すべき者が被災者であり、提出により利を受ける対象者を、労災かくしの被疑者として送検しても、果たして起訴してもらえるかという疑問が出た。そして結局、支店長あてに調査した結果を文書で報告するよう、労働安全衛生法第一〇〇条に基づく命令を出そうということになった。それまで、支店では口頭だけの報告だったのだが、署長の命令に基づく報告を行わせれば、その内容が虚偽の場合、虚偽報告で支店長以下を立件できると踏んだからだった。

実は、労働安全衛生法第一〇〇条に基づく報告命令は、署内に誰も出した者がいなかったので、条文を見ながら検討し、「報告命令書」を書き上げた。そして、どんなことを把握したか、どんな経過であったかなど具体的に記載した項目について、期日と時間を指定して、そこまでに文書で報告するようにと記載した。また、報告しない場合や虚偽の報告がある場合には送検するとの警告を載せ、文書に受領者の署名欄も入れておいた。

その日のうちに署内の決裁を行い、翌日、直接支店まで乗り込むことにした。

その会社の支店は、勤務する場所から電車で四〇分ほど行った県庁のある市内で、駅からは歩いて一〇分ほどの場所にあった。会社のそばまでくると、黒塗りの車が何台か玄関前に停まっており、いかにも偉そうな雰囲気の人物が乗り込んで出発していった。

事務所の建物に入り、受付で安全衛生担当を呼び出すと、当日、支店内の安全衛生推進大会ということで、留守番の安全衛生部員が一名しかおらず、事務室は閑散としていた。聞くところによれば、この大会には、支店長以下主要な幹部が出席し、地元の監督署の署長も来賓として出席しているとのことだった。おそらく監督署の署長の口からも、多発する労災かくしへの歯止めの話が出るのではないかと考えると、少し笑ってしまう気持ちになった。

用件を居残りの担当者に手短かに伝え、支店長あてに文書で命令を出すので、報告期日までに文書で報告するように説明した。留守番の部員は、少し焦ったような様子を浮かべていたが、受領欄にサインと押印をした。支店長には緊急にこのことを伝えてほしいと話し、支店事務所を後にした。

これまで、労災かくしが起きても、法人としての責任は被災者の所属する会社であり、ゼネコンそのものが送検されるようなことはなかった。だが、今回は、負傷したのがゼネコン職員であるため、実行為者と法人であるゼネコンそのものが送検される、全国でも例がない事案となる。正確に報告しなくては……私の心は、少しばかり躍ってしまった。

まずは、報告を持ってきた後に、すぐに事件として着手できるよう、登記簿や住民票、前科照会などの照会作業を開始しておいた。所長の自宅では、たんすを移動していたということに対する実況見分、あるいは令状を取って検証を実施するか迷ったが、とりあえず、自宅のある場所の所轄署の次長（現副署長）に連絡を取り、住宅地図を送ってもらった。その次長は、以前私の上司であったこともあり、そのうち実況見分するので手伝ってほしいとだけ話しておいた。

こうして万全の状態で、その報告の日を迎えた。

当日、夕方五時までを報告期限としていたので、いつきてもいいように外出予定は入れず、捜査書類を作成して、報告を待った。このような命令を受けるのは、大手ゼネコンといえどもそうそうないはずなので、年末年始でも顔を出すことのない支店長も今日はくるかな、などと考えていた。

昼の三時頃、事務室内に見覚えのないスーツ姿の三名が入ってきた。こちらは暑い時期、クールビズの恰好であったので、異様な雰囲気になった。そして、その後ろからいつも見る部長と所長が入ってきた。誰が支店長かなと思って様子をうかがいながら席を立ち、三名と名刺を交換した。一人目は本社の理事、二人目は本社の部長、三人目は副支店長だった。

理事が開口一番、「支店長は所要がありこられなくて申し訳ない」と詫びた。その人も大手ゼネコンの役員であったが、あえて特別視することなく、他の場合と同様カウンターに座らせて話を聞いた。

私が、「社内の調査で何かわかりましたか?」と尋ねると、理事は、

「大変申し訳ありませんでした。所長の報告がウソであったことがわかりました。本当は、現場でけがをしていました。これが、支店長名の報告書です」

と言って、文書を渡してきた。その中身はこうだった。

支店では、何度か本人から聞き取りを行ったが、あくまで自宅でけがをしたと言っていたようで、その後、ようやく会社の置かれた状況を把握したのか、真実を話し始めたという。事故の内容は、警備員が言っていた通りの経緯であり、所長がけがをするなんて恥だ、現場の事故にはできないと考え、自宅でけがをしたと話したと。そして、そう言ってしまった以上引っ込みがつかず、また作業員にも示しがつかないという理由で、そのウソを押し通し続けたという内容だった。

私が一通り読み終えたのを確認したのか、理事が「本当に申し訳ない」と頭を下げた時、後ろに松葉づえを持って立っていた作業所長が、突然土下座をして、「申し訳ございませんでしたー」と叫んだ。事務所にいた職員も、全員びっくりした様子で見ていた。

とにかく土下座はやめるよう話し、理事も、こうなって土下座しても意味はないと、土下座をやめさせた。副支店長が所長の頭を上げさせると、目が血走っていたので、かなり会社内で責められ続けたのだろうと思われた。

今後の社内での処分について聞いたところ、

＊作業所長は減給と降格

＊支店の安全担当部長は減給

とのことであった。今後、それ以外にも支店長や建築部長などにも処分があるとのことだった。

ひと通り報告を聞いた後、理事以下三名を署長室に案内して署長に紹介し、すべて明らかになったことをその場で伝えた。全員が事務室を出て行く時、所長は重い足を引きずるような感じで松葉づえをついていた。彼は本当に痛い思いをしてしまったようだった。

後日、社長あてに警告文を出して、再発防止の徹底を行わせた。

所長は、降格後、安全衛生の再教育研修を専用の研修所で数日にわたって受けていたようであり、現場に出られるようになるのかどうかはわからない状態であるとのことだった。このケースでは、大手ゼネコンを送検できるのではという思いがあったのだが、結局、ソフトランディングで終わってしまった。

実はその後、新聞社からこの事件のことについて取材があった。どうやら情報源は警備員だったようだ。

痛い思いをしたのは所長だけではなかったのだが、労災かくしによって被害を受けるのはけがをした本人であり、健保を使うことによって自己負担がかさみ、治療が不十分なまま中止し、補償も不十分なままで後遺症が残ってしまうなど、そういう事態になることがないよう、労働者死傷病報告を提出させている。痛い思いを自ら招くことになった本人を守るために、その本人を送検することには矛盾を感じることもあり、今回ばかりはソフトランディングやむなしという気持ちになった。

今度こんなことが起きたら許さないぞという思いを持っていたものの、同じことが起きる前に私のほうが先に辞めてしまった次第である。

これからの労働基準監督署

行政改革から続く規制緩和の流れで、非正規雇用が大量にあふれだし、もはや後戻りできない状態に陥ってしまった日本の労働環境。その改善を行うということが、アベノミクスがらみの日本再興戦略なのだが、ここに電通などの問題が重なり、政権が代わったとしてもその方向性が変わることはなさそうである。

かつて労働基準監督署がここまでクローズアップされることもなかったし、国民のニーズが表面化されるとも考えたことがなかった。今後増員等が図られ、一人当たりの監督官が担当する事業場数も少しは減っていくことだろう。

しかし、何度も話しているが、労働基準監督官は主役ではなく、あくまでも労働契約の主役は「労働者（働く人）」と「使用者（使う人）」なのである。この意識が変わらなければ、結局のところなんら意味をなさないことになる。

私には、「働き方改革」なる組織が、末端で働く人と末端で使う人の気持ちがわかるのか甚だ疑問である。目先の利益だけをとらえて、表面上の改革だけを行ったところで、日本の労働環境がよくなるとは思えない。

末端で歯車を動かすだけの人でも、その歯車がどこにつながり、どこをどう動かし、それがどのようなことを生み出しているのかを理解でき、また、全体を指揮する人でも、それがどういうところで動力が伝わり、もとの動かしている人がどうやっているのか、ということを理解できるような世の中ができあがれば、労働環境も本当に変わることができるのではないかと思う。

労働基準監督署は、強力な指導を中心に行っていくことも予想されるが、そういうときでも、あくまでも労働基準監督署はお手伝い役でしかないのである。これらのお手伝いが不要になるような世の中になることが理想ではあるのだが……。

エピローグ　私自身のこと

東日本大震災が起きてからそれほど時間が経過していない平成二三年三月三一日、私は神奈川労働局の入っている横浜地方第二合同庁舎の入口前に立っていた。地方の労働局の大みそかとも言うべきこの日は、定年などによる退職者の辞令交付の日となるのが常だった。当時四二歳で、退職まではまだまだだった私も、その一団に加わることになっていた。

しかし、私はその日の朝、福岡から飛行機で羽田へと到着したため、集団での辞令交付に間に合わず、私一人だけでの交付となっていた。総務課の窓口に到着したが、局長は何の要件なのかわからないがすでに不在。一監督官の辞令などには関わってはいられないのだろう。局長に代わって、総務部長より一枚の紙をもらった。

そこには、神奈川労働局長名で、

「辞職を承認する。」

の一文だけが書かれていた。

この一言の書かれた紙をもらうためだけに、福岡から横浜へと足を運んだわけであったが、恭しく頭を下げて受け取ることで、形式上、私の一九年間の国家公務員としての立場はピリオドを打つこととなった。

労働局の事務所内で旧知の方々に挨拶を済ませると、その足で所属していた厚木労働基準監督署に電車で移動した。

その年一年間は、私は家族と離れて一人神奈川で勤務していた。年明けから、個人的な事情により、家族の住んでいた福岡で長期の休みをもらっていた。そのため、その休みに入る前までに、同僚や上司の方々に私の持っていた仕事について、大まかな引き継ぎなどは済ませていた。そういうことで、この最終日には机やロッカーの荷物整理を済ませてしまえば、この場所での業務が終わることとなっていた。

ファイリングしていた大量の資料はシュレッダーにかけ、『労働基準監督官必携』や『労働基準監督官証票』、ヘルメット、安全帯など、労働基準監督官に貸与されたものを署長に返却することで、労働基準監督官の仕事が終焉となった。

監督官証票というものは、机の奥底にしまってなくさないようにしている人もいるが、労働基準法第一〇一条に基づく臨検監督を実施する際に、本来携帯しなければいけないものでもあった。私は名刺入れとして常に活用したが、それはまだ比較的新しい証票だった。

というのも実は、その前年度が労働局の企画室所属職員になっていた。この企画室は、現在は雇用環境均等部という部署に代わってしまったが、労使紛争に関してＡＤＲ（裁判外紛争解決手続）としての斡旋を行っていた。このため、逮捕権限を持つ労働基準監督官ではそういう立場に立つことができないという、わかったようでわからないような理由で、厚生労働事務官に転官させられることになっていた。企画室では、「情報管理専門官」という、労働局内の情報管理推進の責任者という仕事ではあったのだが、事務官に転官したために監督官証票を返却させられていた。

その一年後、再び監督署勤務を開始した時、改めて監督官証票を交付されたのだが、その交付を受けて一年も経たないうちに今度は辞職という形で返却することになったのだ。だから、あまり汚れなどはなかった。そのわずかな新しい証票であったが、しげしげとながめると、自然と一九年間の思い出がよぎって、少しウルッとくるものがあった。自分自身は、監督官という職に就いている公務員という自覚は少なく、監督官という生き方の仕事をしてきたと思っていたので、その監督官の業務が生活にまでしみ込んでしまっていた。そのため、この証票を返す時には、自分でも夢なのか現実なのかわからないような状態になってしまっていた。

こうして、よくわからないまま荷物の整理を終え、まだ自分の行き先が見えないままの状態で、家族のいる福岡へ戻る飛行機に乗り込み、学生時代から続いた四半世紀におよぶ首都圏での生活を終えることとなった。


現在、福岡では社会保険労務士という肩書を使いながら、企業の顧問として労務管理や安全衛生管理のアドバイスを行い、報酬を得ている。給与計算や各種社会保険の手続き、助成金の申請などを主に行っている社労士事務所とは、おおよそかけ離れた仕事をしている。

通常の事務所は複数の職員を使って運営しているが、こちらは人を使う能力がないうえ、そういう事務処理能力には長けていない。そのため、一人事務所として携帯電話を連絡先にし、直接企業に出向いたり、電話やメールで相談を受けたりしながら、相手の問題を解決している。

監督官の仕事としての臨検監督では、オフィスに出向いて労務管理状態を見るだけでなく、工場や建設現場などの危険・有害な環境下で仕事をする際の、けがや病気にならないための安全衛生に関する指導も行ってきた。この頃の経験を活用して、建設会社の顧問などを引き受けて、現場の安全衛生管理体制の指導として、パトロールなども行っている。

よく、役所を辞めた後は、その逆の立場になって経営者を守るためにその役所と対峙するなどという話を聞いていたが、正直そんな気持ちはまるでない。指導の手法は、監督官時代の気持ちとほとんど変わらない。きれいごとかもしれないが、アプローチの手法は違うものの、企業を良くしようということに違いはないからだ。

監督署では、経営者のために考えてあげるという指導方法では「利益供与」とも取られかねないため、企業の考えることが法令上違反しているかどうか、トラブルのもとになるかどうかということを中心に指導する。

今の立場では、経営者のためというよりも、何が企業にとって利となるのかを考え、そのことがトラブルを生じる原因とならないように指導を行っている。自分で考えることができるということが最大の武器であり、法令違反を即時是正ということではなく、ソフトランディング的に段階を経て遵守の形に持ってくるという計画をつくることも可能となる。そういう意味では、現在のほうが仕事の幅は広がるし、会社も労働者も自分もＷｉｎ－Ｗｉｎという形をとることができる。役所にいては、自分も「Ｗｉｎ」してはいけないのだから。

社会保険労務士の資格は、役所を辞めると自動的についてくるものではない。当然に、試験を受けて合格しないと名乗ることができない。自分自身も、辞めた後に何をしようかと考えた時、結局のところこれまでの仕事の延長で行える業務ということで、社労士資格を取ろうと考えた。

一般の会社で働いてみようかと考えたこともあった。何社か応募してみたものの、元監督官という経歴はマイナス面でしか働かなかったようだ。自分の会社の粗を見つけられるとか、スパイみたいでいやだとか、そういう話を聞いたことで、自営の道しか残されていないことを自覚することになった。

一九年間の労働基準監督官としての経験は、労働関係法令試験の免除を受けることができたが、免除を受けた科目は最低ラインの点を取ったものと扱われるために、受検科目を通常よりも高い点数を取らないと合格できず、結局、一部の免除科目は受験したうえで、何とか合格することができた。

士業の試験は、結局のところ合格がスタートラインであり、そこからいかに自分自身をアピールしながら仕事を取っていくのかということである。しかし私は、とにかく合格すればこっちのものという気持ちだった。そうは言っても、縁もゆかりもない土地で、どう始めていけばいいのか正直わからないことだらけであったが、ホームページや講演などをきっかけに少しずつ顧問先を増やしていくことができた。

人前で話すことは、あまり得意だと思ったことはなかったが、講演依頼は社労士試験に合格する前からあった。もともと知らない会社に予告なく乗り込んで、法違反を確認して改善のための説得を行うことが仕事であったため、人前で話すことは嫌いではなかった。今でも上手だとは思わないが、不思議とあちこちで講演を依頼される機会があり、経験を積んできたので、最初の頃よりはずいぶんましになったと思う。

と、ここまで個人的なことをついつい書いてしまったが、そうした思いと経験を盛り込んだ本書が、少しでも労働基準監督署に対する理解と、読者の方が労働問題を考えるうえでの参考になればと思っている。

あとがき

労働基準行政がこれほど注目され、こんなに世の中に影響を与えるなど、労働基準監督官を辞めた頃には正直なところ想像もできませんでした。監督官という仕事が大好きで、自分なりの誇りを持って取り組んでいた仕事なので、こういう世の流れになったことを非常にうれしく思います。

「辞めたことを後悔している？」と聞かれることがよくあります。これまで監督官として、あるいは関わってきた企業に対して、自分ならこうするのに、それができなかったという思いがあるところも事実です。

でも一方で、辞めなければできなかったという部分も少なくありません。これまでは外からしか見ることができなかったなど、いろいろ制約がありましたが、今度は企業の中に入り込んで、「労働者（働く側）」と「使用者（使う側）」の関係をうまく回すという別のアプローチができるわけです。監督官を辞めても、取り組もうとしてきた信念は全く変わっていません。できる限り多くの企業に関わって、そういうサイクルをつくっていけたらと考えております。

私は現在、企業税務に強い東京・神田の鳥飼総合法律事務所の鳥飼重和先生が関係している日本経営税務法務研究会が行っている「労務調査士」という資格認定講座の講師として、お手伝いをさせていただいております。

こちらは、元厚生労働事務次官の戸苅利和氏を中心に、労働基準監督官のＯＢ、労務に強い弁護士の方などを講師に迎え、企業の顧問として活動する弁護士や社会保険労務士が、問題が起きた際に対処するのではなく、トラブルのタネとなるリスクを事前に摘み取り、労務の面から企業活動を円滑に進めるお手伝いができる士業を養成しようとする講座です。労使のトラブルの傾向や労働基準監督署の動向などを十分に把握することで、労働基準監督官の視点も備えたリスクを洗い出す能力を身につけ、そのリスク管理を行う力を養うことが可能となります。鳥飼先生の、一般にいう労働基準監督署対策ということではなく、その目線を身につけることで、予防的観点から企業改善をはかる人材を養成したいというお話しに賛同させていただきました。

これから先は、問題が出てしまってからでは取り返しのつかない事態に陥りかねません。

たとえ訴訟に勝っても、あるいはたとえ起訴されなかったとしても、結局のところ、名前が外に出てしまってからでは、企業活動ができない状態になってしまうことだってあるのです。そのためには、問題を出すことがない予防的な見地から活動できる士業が多数出てくることで、働き方の意識改革も進んでいくことと期待できます。この考えに賛同していただける士業の方は、是非とも「労務調査士」の資格認定講座にご参加いただければと思います。

こういう活動を契機として、労務トラブルはもちろんのこと、多発する労働災害や過重労働による健康障害などの事故などがなくなっていくこと、そして、労働基準監督官の真の活躍を願ってやみません。

最後になりますが、締切を守れない筆者を温かく見守ってくださった日本経済新聞出版社の網野一憲さんには大変お世話になりました。

二〇一七年二月

原 労務安全衛生管理コンサルタント事務所
社会保険労務士　原　論
（元労働基準監督官第二七期）

原 論 はら・さとし

原労務安全衛生管理コンサルタント事務所代表。社会保険労務士。1968年生まれ。92年千葉大学法経学部卒。同年、労働基準監督官として労働省（現厚生労働省）入省。神奈川、埼玉、東京の労働基準局（現労働局）などに勤務後、2011年3月、退職。12年4月、原労務安全衛生管理コンサルタント事務所を開設。

日経プレミアシリーズ 335

労《ろう》基《き》署《しょ》は見《み》ている。

二〇一七年三月八日 一刷
二〇一七年四月三日 三刷

著者 原 論
発行者 金子 豊
発行所 日本経済新聞出版社
http://www.nikkeibook.com/
東京都千代田区大手町一―三―七 〒一〇〇―八〇六六
電話 （〇三）三二七〇―〇二五一（代）

装幀 ベターデイズ
組版 マーリンクレイン
印刷・製本 凸版印刷株式会社

ISBN 978-4-532-26335-5 Printed in Japan

日経プレミアシリーズ 209

税務署は見ている。

飯田真弓

調査対象に「選ばれる」ステップとは、調査官を燃えさせる三つの言葉って何……。長年の実務経験を持つ元国税調査官が、豊富なエピソードとともに税務調査の実態を語る。なかなか知ることのできない、「税務署の仕事」を詳しく紹介。

日経プレミアシリーズ 307

税務署は3年泳がせる。

飯田真弓

こっそりやってた副業、なぜバレた？　副収入の無申告、扶養控除の間違い、調査官の意外な心理……。なぜ不正や申告漏れは隠せないのか。会社員もはまる落とし穴とは何か。マイナンバーの導入で何が起こるのか。元国税調査官が明かす、税務署と税務調査の実態。日経電子版の連載コラムを大幅加筆のうえ書籍化。きっと、あなたもハッとする。

日経プレミアシリーズ 311

経理部は見ている。

楠木 新

会社の経費をすべて管理する経理部は、領収書や証票から社員をプロファイリングしている!?　グズ、手抜き、酒飲み、インチキ……。人間性・人格の悪評が広がれば、会社人生は大きなダメージを受ける。では、経理部はお金を通して社員の何をどう「見ている」のか。豊富な事例を紹介しながら、組織人とお金の関係について深く考える。全会社員必読の一冊。

日経プレミアシリーズ 097

梅棹忠夫　語る

梅棹忠夫・小山修三

他人のまねをして何がおもしろい？――未知なるものにあこがれ、自分の足で歩いて確かめ、自分の目で見て観察し、自分の頭で考える。オリジナリティを大事にして、堂々と生きようやないか！　閉塞感・不安感に満ちた現代日本人に向け、「知の巨人」が最後に語った熱きメッセージ。

日経プレミアシリーズ 187

経済学の忘れもの

竹内　宏

海に囲まれる恵まれた立地のおかげで独自の発展を遂げてきた日本。しかし、今や米国文明と中国文明が真正面からぶつかる地政学的に危険な場所にいる。歴史的に経験のないタイプの衰退過程に入った日本経済はどうなるのか？　宗教と民族を基礎にした経済の盛衰という新しい視点からグローバルに読み解く。

日経プレミアシリーズ 190

今のピアノでショパンは弾けない

髙木　裕

クラシックを曲解した権威主義に付き合うのはやめよう！　今のピアノを知らない大作曲家達、ロボットが優勝しかねない現代のコンクール、ピアニストの苦悩と憂鬱、巨匠の愛したピアノの物語――裏側まで知り尽くした筆者だから語れる、クラシック音楽が１００倍楽しくなる知識。

日経プレミアシリーズ281

薄っぺらいのに自信満々な人

榎本博明

どんなときも前向き、「完璧です！」と言いきる、会社の同期や同級生といつも一緒、Ｆａｃｅｂｏｏｋで積極的に人脈形成……こんなポジティブ志向の人間ほど、実際は「力不足」と評価されやすい？　ＳＮＳの普及でますます肥大化する承認欲求と評価不安を軸に、現代人の心理構造をひもとく。

日経プレミアシリーズ295

出世する人は一次会だけ参加します

平康慶浩

飲み会に参加するか断るか、転勤に応じるか家庭を優先させるか、人事面談で成果をアピールするか否か――「出世する人の選択」には、それぞれの企業タイプに応じた、ある法則性があった！　人事のプロフェッショナルが、働き方のルールが変わるこれからの時代を踏まえ、すべての会社員にキャリアの築き方をアドバイスする。

日経プレミアシリーズ300

いらない課長、すごい課長

新井健一

職場の価値観が多様化する今、リストラ対象になる「いらない課長」と、人材価値の高い「プロフェッショナル課長」の差が歴然とつきはじめている。数々の事例を知る人事コンサルタントが、コミュニケーション術、リーダーシップ術、会計知識など多方向から、30～40代の武器となる「課長スキル」を磨く具体的手法を授ける。